自由自在に
自分を操《あやつ》る!

1分
催眠《さいみん》法

矢澤フレイ伸恵
Nobue F Yazawa

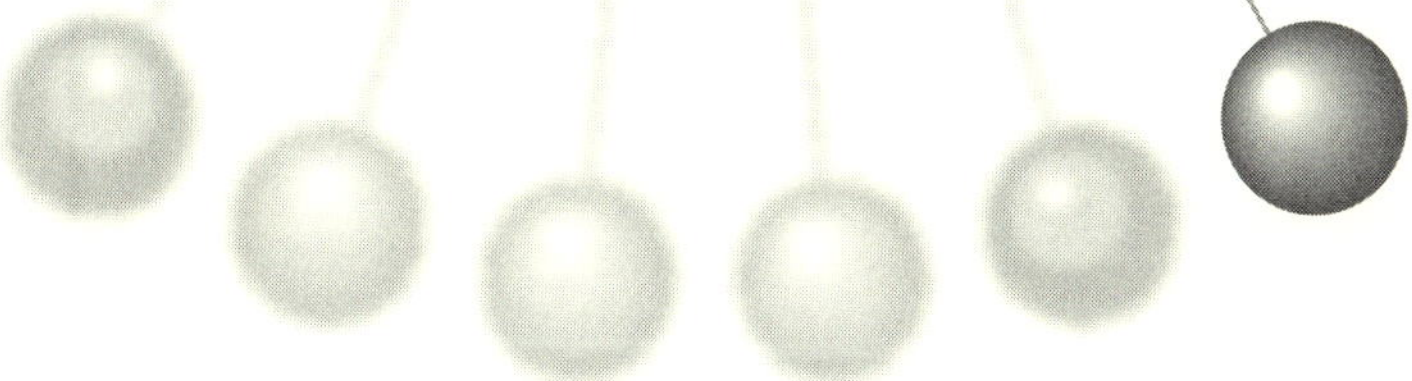

すばる舎

人生に衝撃を与える強力なメソッド

本書を手にとっていただき、ありがとうございます。

突然ですが、あなたは、

「ついつい先延ばししてしまう」

「人生はなかなか思い通りにいかない」

「自分の意志の弱さが嫌になることがある」

「自信が持てない」

「夢をあきらめようと思っている」

と悩んでいませんか。

でも大丈夫です。

本書でこれからご紹介する「1分催眠法」で、これらの悩みがすべて解決します。

詳しくは本編でお伝えしていきますが、1分催眠法はそれだけあなたの人生にインパクトを与える強力なメソッドなのです。

意志が弱い人でも身体が勝手に動く

「1分催眠法」の最大の特徴。

それは、意志が弱い人でも大丈夫、ということです。

これまで、「意志の弱さ」が原因で、さまざまなことに挫折した経験がある人は多いことでしょう。仕事、セールス、接客、勉強、人間関係、夢、目標達成、就職活動・転職活動、ダイエット、ストレス解消、貯金——どれをとっても意志の強弱が、その成否に関係してきます。

しかし、「1分催眠法」を駆使することで、このようなあらゆるシーンでも、意志の強弱に関係なく、身体が勝手に動くようになります。結果として、求めていた成果を引き寄せることができるのです。なぜ、それが可能なのか。それについても、後ほど、じっくりお伝えしていきましょう。

1分の催眠で人生が変わる

私はこれまで、のべ2万人以上の臨床経験がある現役の催眠士・心理セラピストです。催眠の力を使って、5歳から70歳まで男女問わず、多くの人の心の問題を解決してきました。今も催眠の正しい活用法の普及に向けて、催眠療法の団体の代表として、日々、情報発信や後進の育成などに努めています。手前味噌ですが、催眠の世界では日本でトップクラスのプロフェッショナルだと自負しております。

そんな催眠のプロである私がハッキリ言います。

「1分の催眠で、あなたの人生は変わる」と。

そう、催眠を正しく活用すれば、自分自身をコントロールできるようになるのです。

Prologue
はじめに

その手助けとして本書では、一般の人でも催眠を効果的に使えるように、催眠のメカニズムから、催眠状態に誘導するためのテクニックまで、丁寧に解説しました。

1章で1分催眠法の概要について、2章で催眠の効果について、続く3章では、催眠のメカニズムについてお伝えします。

4章では、1分催眠法の具体的な方法について解説し、最後の5章で、1分催眠法を人間関係など、実際のシーンで活用する方法をお教えします。また、巻末ふろくとして、仕事や勉強、人付き合いなど、さまざまなシーンで使える「暗示文リスト」も掲載してあります。

催眠の力は強力です。そのため使い方次第では、毒にも薬にもなります。

ぜひ本書を通じて、催眠をうまく使いこなしてください。その結果、あなたの人生がより良い方向に変わってくれれば、著者としてこれ以上にうれしいことはありません。

２０１３年８月

矢澤フレイ伸恵

自由自在に自分を操る！1分催眠法
もくじ

Contents

自由自在に自分を操る！ 1分催眠法

2章 催眠にはこんなにスゴイ力がある

3章　1分催眠法で自由自在に自分を操る

Contents

自由自在に自分を操る！ 1分催眠法

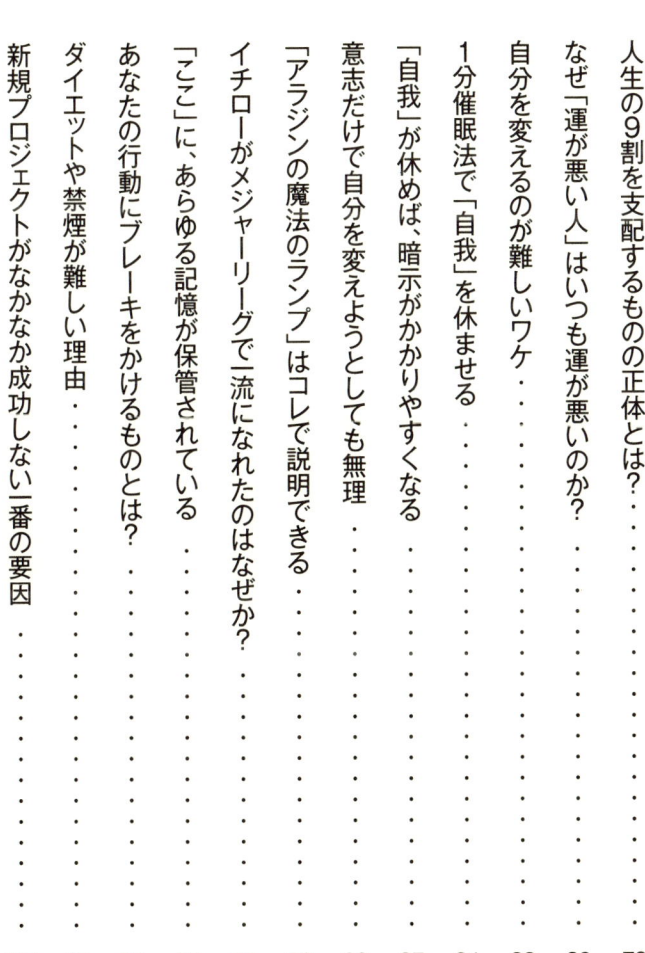

4章　1分催眠法はこうやりなさい

Contents

自由自在に自分を操る！ 1分催眠法

5章　1分催眠法で人生をコントロールできる

Contents

自由自在に自分を操る！ 1分催眠法

構成　　　　　津村匠
ブックデザイン　panix(斎藤啓一)

Chapter 1

1分催眠法で人生の質をグングン上げる

「1分催眠法」で自由自在に自分を操れる

私たちは、大なり小なり、悩みを抱えて生きています。

仕事のこと、お金のこと、人間関係、家族関係、恋愛や結婚、いまだ果たせない目標や夢、そして将来に対する不安……。

どうして思い通りにスムーズにいかないのでしょう。


「やりたいことがあるけど、なかなか行動に移せない」

「物事を前向きに捉えることができない」

「自分に自信が持てない」

「感情に振り回されてしまう」

「人前に出るとあがってしまい、言いたいことが満足に言えない」

他人が関わることならともかく、どうして自分の望み通りに自分を動かすことができないのでしょうか？

私の元を訪れるクライアントの方もさまざまな悩みを抱えています。

きっとあなたも、いまの自分の力では解決できない（と思い込んでいる）悩みがあるから本書を手にしてくれたのでしょう。

でも、安心してください。

本書でこれから紹介する「1分催眠法」を活用すれば、あなたの悩みを解決することができます。

しかも、誰の力も借りずに、あなた一人でできるのです。

詳しいことはこれから順番にお話ししていきますが、催眠法にはあなたの人生をすばらしいものに変えてくれるスゴイ力があります。

いつも先延ばしばかりしていた「ナマケモノの自分」を、フットワークが軽くて「すぐやる自分」に変えることができるのです。

意志の強さは関係ない

「でも、自分は意志が弱いから……」

いえいえ心配はいりません。

1分催眠法では、意志の強い弱いは関係ありません。1分催眠法は、意志（意識）ではなく、無意識に訴えかける方法だからです。

ただし、誤解しないでください。

1分催眠法は、あなたが持っている本来の力を引き出すためのひとつの方法であって、無から有を生み出すような「奇跡」を起こすことには使えません。

たとえば、催眠法の力でいきなり「プロサッカー選手になる」ことはできませんが、試合中の集中力を高めたり、勝負を最後まであきらめない強い心を育てたりすることはできます。

同じように、いきなり「年収1億円のお金持ちになる」ことはできませんが、仕事で実績を上げたり、仕事に対するモチベーションを高めたりすることは可能なのです。

本書で取り上げる1分催眠法の究極の目標――それは自分の意志や感情、行動を、自分自身で自由自在に操れるようにすること。

催眠法の力によって、なりたい自分になるのです。

「本当にそんなことができるんですか？」

誰でもそう思いますよね。

でも、できるんです。

もちろん「すぐに」とはいきませんが、練習を重ねることによって思い通りに自分を操れるようになります。

練習といっても簡単なことばかりです。そもそも1分間でできることは限られています。複雑で難しいことはできません。

だから誰でもできることだけです。それでいて、きちんと効果が現れます。

自分を自由自在に操れるようになれば、いまよりもぐっと悩みは減るでしょう。あなた自身でコントロールできない問題は激減するはずです。

少し大げさに聞こえるかもしれませんが、今日からあなたの人生は、あなたが望んだものへと変化していきます。

1分催眠法には、そんなすばらしいパワーが秘められているのです。

人生が思い通りにいかないのはなぜだろう?

「人生は、自分の思い通りにはいかないもの」

あなたは心のどこかでそう思ってはいませんか?

もしそうだとしたら、あなたの思考にはマイナスのフィルターがかかっています。

マイナスのフィルターが働くと、物事を悪いほう、悪いほうへと考えるようになります。

自分でも気がつかないうちに、ネガティブな情報にばかり目が向いてしまうようになります。


これでは、あなたが望む人生を送るのは難しい。

なぜならあなたの人生は、良くも悪くもあなたの考えに引き寄せられていくからです。

ポジティブ思考の人にはプラスの結果が、ネガティブ思考の人にはマイナスの結果が待っているものです。

サッカーの試合を例に説明しましょう。もちろん野球やテニスでもかまいません。Aチームと B チーム、両者の実力はほぼ互角。ところが選手たちのモチベーションには大きな差がありました。

Aチームは連敗が続き、もうどことやっても勝てる気がしない後ろ向きの状態です。それに対して、Bチームはここ最近勝ちが続き、チーム全体に常勝ムードが漂っています。

さて、その試合結果は?

もちろん勝負に「絶対」はありませんが、おそらく常勝ムードで前向きになっているBチームが勝利を収めることになるでしょう。

なぜか?

私たちの思考は、感情はもちろん、身体や行動にも強い影響を与えるからです。ネガティブな思考は感情や身体、行動に悪い影響をおよぼします。逆に、ポジティブな思考は感情や身体、行動に良い影響を与えてくれます。

そして、その影響が試合の結果、ひいては人生に現れるのです。

マイナスのフィルターがあなたの自信を奪っている

ここで突然ですが、簡単なテストをさせてください。
「私は自信にあふれている」と10回、声に出してつぶやいてみてください。
自分にだけ聞こえるぐらいの小さな声でかまいません。
ゆっくりと感情を込めてお願いします。
いいですか、いきますよ。

1回め「私は自信にあふれている」
2回め「私は自信にあふれている」
3回め「私は自信にあふれている」
4回め「私は自信にあふれている」
5回め「私は自信にあふれている」
6回め「私は自信にあふれている」
7回め「私は自信にあふれている」
8回め「私は自信にあふれている」
9回め「私は自信にあふれている」
10回め「私は自信にあふれている」

どんな感じがしましたか。
体中に自信がみなぎってくる感じですか。それとも「照れくさい」「受け入れがたい」「バカバカしい」といった印象ですか。

もし後者だとしたら、あなたの頭の中ではマイナスのフィルターが働いています。あなたの意識は、プラスの言葉を投げかけても、素直には受け入れられない状態になっています。

そうした人は、まわりの人から「すばらしいじゃないですか」と自分の仕事ぶりをほめられても、「いやいやそんなことありませんよ」とか「それ、お世辞ですよね」などと、返してしまうものです。

思いあたることはありませんか？

もちろん、それが謙遜から出たものであればよいのですが、「拒絶」から出た言葉だとすると、ちょっと問題です。

マイナスのフィルターは、あなたの夢や願望の実現を邪魔する「ドリームキラー」だからです。

1分催眠法が意識をプラスに向けてくれる

そこで「1分催眠法」です。

1分催眠法には、マイナスのフィルターの働きを弱める効果があります。

マイナスのフィルターの働きが弱まるとどうなるのか?

ふだんマイナスのフィルターが強く働いている人であっても、一時的ではありますが、プラスの情報を受け入れやすくなります。

たとえば、マイナスのフィルターを弱めた状態で「私は自信にあふれている」という言葉を口にすると、何もしなかったときに比べて、(とても短い時間ではあるかもしれませんが)自信が持てるようになります。

「マイナスのフィルターを弱めて、プラスの言葉や情報を入りやすくする」

これこそが、本書でみなさんにお伝えしていく「1分催眠法」の効果のひとつです。
あなたの意識がネガティブに向いているか、ポジティブに向いているか。
それによって現実は大きく違って見えます。

「自分の人生をより良い方向へ導いていきたい」

そのためには、1分催眠法を使って、マイナスのフィルターの力を弱めて、プラスの情報が入りやすい状態にしましょう。

マイナスのフィルターは何十年もかけてつくられた強力なモノ

「人生はおまえが考えているほど甘いもんじゃないよ」
「好きなことをして食べていけるのは限られた人間だけだ」
「なんでこんな簡単なことがわからないんだ」
「なんであなたはいつもそうなの」
「どうしてこんなこともできないの」

これまで10年、20年、30年と生きてきて、こうしたネガティブな言葉と完全に無縁でいられた人はほとんどいないでしょう。

いたとしたら、それは極めて幸せなことです。

残念ながら、世の中はそれぐらいネガティブな言葉や情報であふれています。

読者の多くの方が、これまでに何百、何千、何万とネガティブな言葉を浴びせかけられてきたり、ネガティブな体験をしてきたはずです。

私たちの思考に悪影響を与える「マイナスのフィルター」は、こうしたネガティブな体験や情報の刷り込みによってつくられます。

マイナスの刷り込みをしたのは、あなた本人ではなく、あなたのまわりの人たちです。

とりわけ幼少時代に多くの時間をともに過ごした両親の影響が大きい。

もちろんあなたの両親は、あなたをネガティブな人間に育てようと思っていたはずがありません。明るく、元気に育って、幸せな人生を送ってほしいと強く願っていたことでしょう。

それなのに、なぜマイナスの刷り込みが行われてしまったのでしょうか？

なぜ子どもは、水の入ったコップをこぼしてしまうのか？

理由は、私たちの言葉づかいにあります。

誰もが「人はほめて育てたほうがよい」と頭では理解していながら、実際には逆のことをしています。

ところが多くの人がそのことに気づいていません。

それはたとえば、日常のちょっとした場面にも現れます。

小さな子どもが、水がいっぱい入ったコップをテーブルに運んでいこうとしています。

このとき、あなたならどんな言葉をかけますか？

多くの人が「こぼさないでね」とか「落とさないでね」と注意するでしょう。

しかし、「こぼす」や「落とす」はネガティブな言葉です。

「こぼす」や「落とす」といったネガティブな言葉をかけると、何も注意しなかったときと比べて、こぼしたり、落としたりする確率が高まります。

子どもたちにマイナスの暗示をかけることになるからです。

「こぼしたり、落としたりしたらたいへん」と心配する気持ちから出た言葉であることはわかりますが、本当は、こぼしたり落としたりしないためのアドバイスを私たちはすべきなのです。

たとえば、

「コップは両手でまっすぐ持って、ゆっくり歩いてね。そうすれば大丈夫よ」

といった具合です。

ところが、ついつい「こぼすわよ、落とすわよ、危ないわよ」とネガティブな部分にフォーカスした言葉を口にしてしまいます。

「もっと良くなってほしい」という思いが裏目に出て、無意識のうちに「できないこと」「足りない部分」を指摘してしまうのです。


「なんでこんなこともできないの。ダメな子ね」

「じっとしていなさい。なんて落ち着きのない子なの」

「あなたは片付けが下手ね。まったく不器用なんだから」


こうした否定の言葉が、マイナスの刷り込みになるのは言うまでもないのです。

多くの人が陥る「引き算の思考」のワナ

本当のあなたはもっといろいろなことができるはずです。

ところが、周囲の人から「ここがダメ」「あそこがダメ」「こっちもダメ」と、ダメな部分ばかり指摘されていると、次第に「自分は欠点だらけの人間なんだ。あれもできないし、これもできない。なんてダメな人間なんだ……」と思い込むようになってしまうのです。

すると自分でも気がつかないうちに、自分の足りない部分、ネガティブな部分ばかりを探すようになります。

できないことがどんどん増えていく「引き算」の思考です。

逆に、まわりの人から「そんなこともできるんだ」「あんなこともできるんだ」「すごい、すごい」「すばらしいよ」と、いまあるものをほめてもらった場合はどうでしょうか。

できることがどんどん増えていく「足し算」の思考になります。

日常生活で交わす会話の8割以上がネガティブな内容を含んでいると言われています。私たちは、ほめられることよりも、足りないことを指摘される機会のほうが圧倒的に多いのです。

そんな世の中では、どんなにポジティブな人でも、いつかはネガティブな思考に陥ってしまいそうです。

ところが実際にはそうではありません。

1分催眠法で「ポジティブ貯金」を増やす

私たちの記憶には大きく分けると、ポジティブな記憶とネガティブな記憶の2つがあります。

本書では、前者を「ポジティブ貯金」、後者を「ネガティブ貯金」と呼びましょう。

両者の関係が「ポジティブ貯金 ＞ ネガティブ貯金」にあると、物事をポジティブに前向きに捉えやすくなります。

プラスのフィルターが働いて、ネガティブな情報が入りにくくなります。

ポジティブ思考の人が、ネガティブな情報や言葉に接触しても、ネガティブになりにくいのはこのためです。

逆に「ポジティブ貯金 ＜ ネガティブ貯金」になっていると、マイナスのフィルターが強く働き、ネガティブな思考になりやすくなります。

つまりこう言えます。

いつもポジティブでいるためには、「ポジティブ貯金 ＞ ネガティブ貯金」の関係をつくり上げればよい。そうすれば自然とポジティブな情報を集めるようになる。そしてますますポジティブな思考になっていく。

いま現在「ポジティブ貯金 ＜ ネガティブ貯金」の状態にある人は、どのようにして、「ポジティブ貯金 ＞ ネガティブ貯金」の状態をつくり上げればよいのでしょうか。

これには、３つの方法があります。

①小さな成功体験を積み上げ、ポジティブ貯金（記憶）を増やしていく
②ネガティブな情報や言葉からできるだけ距離を置く
③「1分催眠法」でネガティブ貯金の内容を書き換えていく

これらによって、ポジティブ貯金とネガティブ貯金の関係が逆転し、ポジティブでいることが自然な状態になります。

また、かりにネガティブな思考に陥ったとしても、これまでよりもずっと早い段階で立ち直ることができるようになります。

「思い込み」を書き換えればうまくいく

ネガティブなフィルターの正体は、これまでに少しずつ貯められてきたネガティブな記憶や体験の固まりです。

これを一瞬にして、書き換える方法は残念ながらありません（じつはひとつだけあるのですが、それについては後で説明します）。

催眠法の力を利用しながら、少しずつポジティブなものに書き換えていきます。


自分に自信を持てない人だったら、「自分はできる。大丈夫である」といったプラスの言葉をかけてやります。

すると「自分はできる。大丈夫である」という言葉が「自信がない」というネガティブ貯金に働きかけ、ネガティブ貯金（記憶）が100あったとしたら、そのうちの1つ2つが減ります。

ネガティブ貯金（記憶）は、このようにして少しずつ修正していくしかないのです。

「100のうちの1つや2つが減ったところであまり効果はないのでは？」

このように思われるかもしれませんが、そんなことはありません。

ネガティブ貯金がほんのわずか減っただけでも、その分だけネガティブな発想になりにくくなります。

それに催眠法を行った直後は、「自分はできる。大丈夫である」といった思いがしばらく続きます。

ネガティブな思考を一瞬でポジティブに変える方法

ネガティブな思考が一瞬にしてポジティブに転換することがあります。

「だったら、その話を先にしてよ」と思われるかもしれませんね。

でも、その説明を後に持ってきたのには理由があります。

なぜなら、それはおすすめできない方法だからです。

一瞬で思考をポジティブに転じる方法——それは、あなたの人生に大きなインパクトを与える出来事を体験することです。

たとえば、近しい人を失う、命に関わる病気を患う、大事故に遭う……。

これらは悲しい出来事、つらい出来事ですが、それによって、自分の考え方が180度変わるという経験になることもあるのです。

けれども、こうした出来事は、自分から望んで得られるものではありませんし、あえてそれを望む人もいないでしょう。

これらはすべて、突然、あなたの人生に降りかかってくるもの。ですから、最初にお話しすることを控えたわけです。

「そんなできそうにないこと、取り上げなくてもよいのでは」

そう思われた人もいるはずです。私もその通りだと思います。

他人にすすめられない方法を紹介しても価値はありません。

それでもあえて取り上げたのは、まったく別の狙いがあるからです。

「ネガティブなフィルターは、それぐらい強力なものであり、ネガティブな思考をポジティブに変換するには、地道にコツコツと修正をかけていくことが最善かつ、最速であること」

このことをみなさんに知ってほしかったのです。

自分をコントロールするためのちょっとしたコツとは？

プロスポーツ選手の多くが、メンタルトレーニングやスポーツ心理学を学び、実践に取り入れています。

たとえばプロテニスプレイヤーの錦織圭《にしこりけい》選手は、試合の流れが悪くなると、タオルを取りに、いったんコートの外へ出ます。

錦織選手は、そのわずかな時間に気分を一新（メンタルリセット）し、試合にのぞむといいます。

それに対して、私たちはどうでしょう。

これまでにメンタルトレーニングの勉強をしたり、練習したりしてきた人はどのぐらいいるのでしょうか。

あなたがいま自分をうまくコントロールできないのは、当たり前のことです。なぜなら、そのための練習をほとんどしてこなかったわけですから。

たとえるならば、ロクに練習もせずに、試合にのぞむようなもの。勝てる見込みは、万に1つもないでしょう。

でも、別にそれはそれでよいのです。

足りない部分ではなく、できることに目を向けましょう。

そうなのです。

私たちの意識や感情、行動は、練習次第で、自分の思いのまま、自由自在に操れるようになる。そのことがいまわかったのです。

すばらしいではないですか！

その入口となるのが、「1分催眠法」なのです。

1分催眠法で、今日から人生が好転する！

1分催眠法とは、自分の意識や感情、行動をコントロールする技術です。

催眠法の力を借りることで、これまで自分の願いとは関係なく、あっちへ飛んだり、こっちへ飛んだりしていた、「思考」「感情」「行動」「身体感覚」をコントロールできるようになります。

「困った。困った。自分のことが自分で手に負えない」と慌てふためいていた状況からようやく解放されるときが来たのです。

あなたの思考は前向きになっていきます。

先延ばしの癖はなくなり、すぐに行動に移せるようになります。

否定的な考えから抜け出すことができます。

心が落ち着いた状態で、冷静に考えられるようになります。

もう感情に振り回されることはありません。

心臓はドキドキ、頭の中は真っ白、もう何も考えられない、ここから一歩も動けない。ただ緊張しているだけの状態から抜け出すことができます。


すべては練習次第です。練習すればするほどうまくなります。

ときどき、そうした訓練を積むことなく、自分をコントロールする術を持っている人に出会うことがあります。

でも、本当はそうではないのです。

そうした人たちは、本人が知らないうちに、自分の「思考」「感情」「行動」「身体感覚」をコントロールする練習をしてきています。

自分をコントロールする技術は、訓練なくして身につくものではないからです。


「本当にそんなことができるの？」

まだまだ信じられない気持ちでいっぱいかもしれません。

そこで次の章では、そうしたあなたの不安を拭い去るため、「催眠法は怪しくないのか？」「本当に効くのか？」といった疑問に答えていくことにしましょう。

Chapter 2

催眠にはこんなにスゴイ力がある

多くの人が知らない催眠の本当の力

みなさんは「催眠」という言葉から何をイメージしますか。
たとえば、テレビで見た催眠術ショーのこんな一場面かもしれません。

「あなたはだんだん眠くなってきます。
だんだんとまぶたが重くなってきました。
あなたの両手はだんだんと軽くなっていきます。
軽くなって、ふわふわと羽のように浮き上がっていきます。
そうです。あなたは鳥です。
両手を大きく羽ばたいて、空高く飛び上がっていきます。
空を飛ぶのはどんな気分ですか?

気持ちいいですね」


催眠に対して「誰かに自分を操られる」とか「自分を乗っ取られて、相手の言いなりになる」といった怪しげなイメージをお持ちの方も多いかもしれません。

たしかにその点は否定できません。

なぜならそれも催眠の効果を利用したひとつの現象だからです。

しかし、その上でこうも言えます。

先の例はあくまでも観客を楽しませるためのショーであって、私たちがこれから学び、実践していこうとする「1分催眠法」とは目的がまったく違います。

「他者から思いのままに操られる」イメージの強い催眠ですが、1分催眠法では自分以外の誰からも操られるようなことはありません。

また、自分の意志と違ったことを強いられることもありません。

1分催眠法は、なりたい自分になるための自己実現ツールです。催眠状態を通じて、自分と対話することで、自分をより良い方向へ導いていきます。

催眠はなりたい自分になるための自己実現ツール

「そんなにうまくいくんですか?」

ふだんから「うまい話には気をつけろ」と警告を受け続けている私たちは、まずこのように思います。

でも、私の答えは「はい!」です。

その効果は、先ほど例に取り上げた催眠術ショーにも現れています。

催眠術をかけられた人(被験者)は、ふだんならとうていやらないこと、鳥になって空を飛ぶ姿を、大勢の前で実演してくれました。

催眠術師と被験者がグルになって、お客さんを騙そうとした?

いえいえ、そうではありません。

被験者は、催眠の力で「鳥」になりました。

催眠術師の「鳥になる」という言葉を受け入れた結果、頭ではわかっているにも関わらず、鳥のようにふるまいたくなってしまったのです。

これが催眠のスゴイ力です。


1分催眠法では、自分で自分を軽い催眠状態へと導き、なりたい自分の姿を言葉にしたり、想像したりします。するとその言葉や映像が、あなたの無意識に働きかけ、なりたい自分に近づいていきます。

たとえば「私は自信にあふれている」という言葉を入れると、「自信がない」という思い込みが打ち消されて、自分の意識（頭）とは関係なしに、なんだか自信が出てきたように感じられます。

同じものでも、光の具合によってまったく違ったものに見えることがあります。

催眠も同じです。催眠には怪しいというイメージが常につきまとっていますが、それはあくまでも催眠法の一面を捉えただけです。

催眠法が持つプラスの効果に目を向けましょう。

催眠法は、あなたの人生をより豊かなものに生まれ変わらせてくれるパワフルな自己実現ツールなのです。

誰でも1日に十数回、催眠状態に入っている

催眠法は怪しくない。

あなたの夢や願望をかなえてくれる強力なツールである。


この話をもう少し続けさせてください。

催眠状態には、大きく分けて「軽い催眠状態」「中程度の催眠状態」「深い催眠状態」の3つの段階があります。

1分催眠法では、このうちのもっとも軽い催眠状態に自分を誘導し、その上で自分自身にプラスの言葉をかけていきます。

「催眠状態」というと、もうそれだけで普通ではない、何か特別な状態にならなければいけないと思われるかもしれません。

でも、それは違います。

催眠状態になることは、まったくもって特別なことではありません。普通に生活していれば、誰でも1日に十数回、催眠状態に入ります。

たとえば、朝。

目が覚めた直後は、頭がぼーっとして、しばらくの間、寝ぼけたような状態が続きますね。

これもじつは催眠状態です。

また、会社へ向かう通勤電車の中。

昨日あったことを思い出したり、週末にどこへ遊びに行こうかと考えたりするなど、現実ではないことに意識を集中してあれこれと想像しますね。

そう、これも催眠状態なのです。

自室で本を読んだり映画を観たりしているとき、ストーリーに夢中になって、その世界にどっぷり浸かっている状態。

頭では、「現実のことではない。つくりものの話」と理解しながらも、登場人物に感情移入して、怒ったり、笑ったり、泣いたり、怖がったりする。

これも催眠状態です。

夜寝るとき。

頭の中から雑念が消えて、眠りに入ろうとするまでの間。このときも催眠状態になります。


どうですか？

催眠状態が、特別な状態ではないこと。いや、それどころか、日常的に体験していることがわかっていただけたでしょうか。

催眠状態に誘導するために大切な儀式

催眠状態とは、簡単にいうと、何かひとつのことに意識を集中している状態、あるいは何も考えずにぼーっとリラックスしている状態のことです。

ときどきクライアントの方から質問を受けます。

「先生、私は催眠状態になれるのでしょうか？」

私の元を訪れる多くのクライアントの方も、「催眠状態は何か特別な状態である」と勘違いされているのです。

このようなときに私は、

「大丈夫ですよ。そのような心配をしなければ、自然と催眠状態に入っていけますよ」

とお答えします。

そして「なぜなら……」と続け、先ほどみなさんにお話ししたような「催眠状態は特別な状態ではありません。日常生活でも体験している、ごく普通の状態です」と説明し、納得の上で治療（催眠療法）に入ります。

なぜ、そのようなことをするのか？

まずクライアントの方の不安を取り除き、安心してもらうためです。

これは私とクライアントさんの信頼関係を築くためにも重要です。

次に催眠状態をつくりやすくするためでもあります。催眠法に対して不信感を抱いていたり、不安な気持ちを抱えていると、催眠状態に入りにくくなるからです。

1分催眠法でもまったく同じことが言えるのです。

そこで「催眠法は怪しくありませんよ。催眠状態も特別な状態ではありませんよ」という話をさせていただきました。

みなさんの催眠法に対する誤解はとけたでしょうか?

テレビの催眠術ショーは「やらせ」なのか?

催眠法について、もうひとつ説明しておきたいことがあります。

それは「催眠法には、他人を意のままに操る力はない」ということです。

あくまでも、催眠状態になってもいいと許可しているのは、催眠にかかったその人自身なのです。

これは催眠術ショーでも同じ。

先ほど、催眠術をかけられて「鳥」になった被験者の話をしました。あのケースでは、一見、被験者は催眠術師に操られているように見えます。

ですが、本当のところは違うのです。

最終的に鳥になることを選んだのは被験者自身。

鳥のように振るまっているのは、被験者が催眠術師のストーリーに乗っかって、自分が鳥になることを自分に許してはじめて成立したことなのです。

もし、被験者の心に「恐れ」や「怖さ」や「恥ずかしさ」といった気持ちが強く働いていたら、鳥になることはなかったでしょう。

また催眠術に対して、強い不安や不信感を抱いていたときも同様です。

どちらの場合も、ショーは成立しません。

ですから催眠術師は、ショーに協力してくれる被験者を慎重に選びます。ここでショーの出来不出来が決まると言っても言い過ぎではありません。

テレビの催眠術ショーは、催眠にかかりやすい人を選んでいる。だから、やらせではなく、被験者は本当に催眠にかかっている。

私はそう考えています。

催眠の許可を与えるのはあなた自身

「催眠法には、他人を意のままに操る力はない。あくまでも、催眠状態になってもいいと許可しているのは、催眠にかかったその人自身」

このことについて、もう少し説明が必要かもしれません。

例をあげましょう。

たとえば、私があなたに「目を閉じてください」と言ったとします。

あなたならどうしますか？

「目を閉じてもよい」と思えば目を閉じるでしょうし、「閉じたくない」と感じたらあなたは目を閉じたりしないでしょう。

むしろ、反対の意志を示すために、逆に目を見開いたりするかもしれません。

ここで私が伝えたいこと、それは「目を閉じる、閉じない」、その選択権はあなた自身にあるということ。

最終的に決めるのは、命令を与えた私ではなく、受け取る側のあなた自身なのです。


では、「目を閉じろ！　さもないと力づくでも目を閉じさせるぞ」と脅されて、目を閉じたときはどうでしょう。

この場合も同じです。

「怖い。これは素直に命令に従ったほうがよい」とあなたが判断したから、あなたは目を閉じたのです。つまりこの場合も、閉じることを決めたのはあなた自身。

そうなのです。どのような状況においても、どちらを選ぶかという権利は、常に当事者であるあなた自身に与えられています。

それは催眠状態でも変わりません。

催眠状態になったからといって、相手の言いなりになることはありません。

催眠術師の言葉を受け入れるかどうかは、被験者の判断に任されています。選択肢は被験者が握っていて、第三者が無理やり従わせることはできません。

被験者は鳥になることも、鳥になることを拒否することもできるのです。

催眠法には、自分で自分を催眠状態に誘導する「自己催眠」と、自分以外の第三者が催眠状態に誘導する「他者催眠」の2種類があります。

両者では、催眠状態に入る方法こそ違いますが、催眠状態に入ってもよいかどうか、催眠状態でどのような行動をするかどうかを決めているのは本人です。

催眠をかけられる側が許可を与えない限り、どんなにすばらしいセラピストであっても、どんなに優れた催眠術師であっても、本人の意志を無視して、無理やり催眠状態にすることはできません。

もう一度繰り返します。

催眠状態になっても、誰からも操られることはありません。許可を与えるのはあなた以外はいないのです。

身体の底から自信があふれ出てくる技術

「催眠法は怪しくない」

「催眠状態は何も特別なことではない」

この2点について納得していただけたでしょうか。

それでは、さらに催眠法の話を進めていくことにしましょう。

ここで改めて、テストをさせてください。

第1章で取り上げた「私は自信にあふれている」というプラスの言葉を、今度は少しだけ方法を変えて、自分に投げかけてみることにしましょう。

それでは始めます。
紙面からいったん目を離し、顔をまっすぐ前に向けてください。

何が見えますか？
窓の外の景色、目の前に座った人の顔、パソコンのモニター、部屋の壁……。何でもかまいません。その中の1点をしばらくじっと見つめてください。

5秒、10秒、20秒、30秒……。

だんだんと自分の意識が1点に集中していくのがわかるはずです。
今回はテストですので、完璧でなくてかまいません。なんとなく集中できてきたなと感じたら、ゆっくりと目をつぶっていきます。

そしてこうつぶやいてください。

「私は自信にあふれている」
「私は自信にあふれている」
「私は自信にあふれている」
「私は自信にあふれている」
「私は自信にあふれている」
「私は自信にあふれている」
「私は自信にあふれている」
「私は自信にあふれている」
「私は自信にあふれている」
「私は自信にあふれている」

回数は、前回と同じく10回。10回唱えたら、ゆっくり目を開けましょう。
いいですか。それではお願いします。

スタート！

＊　＊　＊　＊　＊　＊　＊　＊　＊　＊

いかがでしたか？

「私は自信にあふれている」という言葉が、すーっと自分の中にしみこんでいくような感じがしましたか。

なんだか少し自信が強まったような気がしてきましたか。

だとしたら成功です。

早くも、1分催眠法の効果が現れ始めています。

1分催眠法では、がんばってはいけない

いまやってもらったように、1点をじっと見つめることで意識を集中し、同時にそれ以外の部分はリラックスさせる、これを「1点凝視法」と呼びます。

1点凝視法は、催眠法のひとつです。

1点を凝視し続けることで、私たちの意識は催眠状態へ入っていきます。

1分催眠法を試してみて、このように感じませんでしたか?

「こんなに簡単な方法で効果はあるの？」

もちろんあります。
ここではその詳細には触れませんが、今回のテストで「プラスの言葉がじわっと身体にしみこんでいくような感覚」を覚えたのなら、それが何よりの証拠です。

「努力はいらない。がんばらなくてもなりたい自分になれる」

ここが1分催眠法のスゴイところ。
頭で理解することはありません。
人によっては「理解しない」ほうが難しかったりするかもしれませんが、1分催眠法ではただただプラスの言葉を聞き流せばよいのです。

「自信がある、自信がある、自信がある、自信がある、自信がある……」

必ずしも、自信にあふれた自分を思い描く必要もありません。

単純に言葉に耳を傾けるだけでよいのです。


どうです。簡単でしょう。

催眠法を使えば、がんばらないで自信を手に入れることができます。マイナスのフィルターがかかったあなたの意識をプラスに転じることが簡単にできるのです。

しかも、それだけではありません。

催眠法には、マイナスをプラスに変換するだけではなく、プラスの意識をいまの2倍、3倍にと強化するスゴイ力が備わっています。

努力やがんばりは、催眠法が使えない部分で活かしましょう。

傷ついた心を癒してくれる効果

先ほどあなたは、自分を催眠状態に誘導し、「私は自信にあふれている」という言葉を自分に向けて10回つぶやきました。

その結果、あなたは自分の身体のどこからか「自信」が湧いてくるような感覚を体験することに成功しました。

これこそが1分催眠法の効果です。


1分催眠法には、あなたのネガティブな記憶にアクセスし、その内容をポジティブなものに書き換える効果があります。

先の例では、「自信がない」というネガティブな記憶にアクセスし、その一部を「自信がある」という思いに書き換えていったのです。

私たちの心は、ネガティブな言葉や体験によって毎日傷つけられています。目には見えませんが、誰しも心にたくさんの傷を負っています。

なのに、ほとんどの人が心の傷の手当をしていません。

身体の傷だったら、消毒をしたり、薬を塗ったり、ばんそうこうを貼ったり、状況によってはお医者さんに診てもらったりします。

ところが、心の傷の場合はほとんどの人が放ったらかしにします。

「時」が癒してくれるだろうと思っています。


ところが本当は違います。

毎日の生活で私たちの心が受けたネガティブな体験や感情は、外に吐き出さない限り、記憶にネガティブな情報として保存されます。

そして、それらがマイナスのフィルターとなってあなたの行動を制限するようになるのです。

私たち心理セラピストが、クライアントのセラピーやカウンセリングで最初に行うこと、それは心の傷ついた部分を癒してあげることです。

傷ついた心を癒すには、その人の中に入ったものを吐き出してもらうことが一番です。

「自分がどれだけ悲しい思いをしてきたか」
「自分がどれだけつらい体験をしてきたのか」
「悲しくても、つらくても、ずっと我慢をしてがんばってきた」

こうした思いを吐き出し、誰かに共感してもらうことで、その人の心はだんだんと浄化され、癒されていきます。

小さな子どもがつまずいて転んだ。どこかに身体をぶつけて泣き出した。

「よし、よし、痛かったね。痛いの痛いの飛んでいけ〜。痛いの痛いの飛んでいけ〜。ほら、もう治った！」

こんな言葉をかけると、子どもはすぐに泣き止んでくれます。
言葉通りに、痛みがどこかへ飛んでいってしまったかのようです。

これと同じことが、私たち大人にも必要なのです。
ネガティブな言葉を浴びせかけられたり、ネガティブな体験をしたりしたときには
そのまま放置せずに、いつもよりも多めに、たとえば「私は自信にあふれている」と
自己催眠をかけてみましょう。

1分催眠法の力で「自分はダメなんだ」と自己否定する意識を取り払い、自分を自
分で認めてあげましょう。
夜寝る前に行えば、翌朝には、気分も落ち着いているはずです。
1分催眠法は、あなたの傷ついた心を癒し、毎日、元気でいられるよう心のクリー
ニングをしてくれる効果があります。

苦手意識が生まれるメカニズムとは？

先日、クルマの運転をしていたときのことです。ラジオから昔大好きだった曲が流れてきました。

「ああ、懐かしい。あの頃、よく聴いたな……」


そう思うと同時に、当時の記憶が、あのときの感情とともに蘇ってきました。

みなさんにもこうした経験はありませんか？

ずっと忘れていた過去の記憶が、あることがきっかけで次々と思い出されてくる。

しかもそれは、過去に体験したことや起こったことだけでなく、それにまつわる当時の自分の感情を引き連れて戻ってくる。

うれしかったこと、悲しかったこと、楽しかったこと、がっかりしたこと、感動したこと、悔しかったこと……。

こうした過去の体験や感情は「潜在意識」という場所にしっかりと保管されています。潜在意識には出口がありません。

ここに入った記憶は、特別なことがない限り、ずっと保管されたままになります。潜在意識とは、私たちがふだん意識していない心の領域です。「無意識」と呼ばれることもあります。

潜在意識には、大きく分けて2種類の記憶が保管されています。ポジティブな記憶（ポジティブ貯金）とネガティブな記憶（ネガティブ貯金）です。

両者の関係が「ポジティブ貯金 ＞ ネガティブ貯金」のときはポジティブな発想になりやすく、逆の関係「ポジティブ貯金 ＜ ネガティブ貯金」のときはネガティブな発想になりやすいのはすでに説明した通りです。

ネガティブ貯金は、私たちの意識や行動や感情や身体にマイナスの影響をおよぼします。これについても繰り返しお話ししてきました。

たとえば、過去にスピーチで失敗した経験があると、自分でも気がつかないうちにスピーチに対して苦手意識を持ってしまうことがあります。

マイクを持って大勢の人の前に立ったとたん、手には大量の汗、足は震えて、頭の中が真っ白になり、うまくしゃべることができない。

そんな状態に陥ってしまうことがあります。

潜在意識に保管されているネガティブな記憶が、あなたをそのようにさせているのです。

「いま」のあなたの心と身体と感情が、「過去」のあなたの記憶と結びつき、あなたの意志とは関係なく、反応しているのです。

つまりマイナスのフィルターが最大限に働いた状態なのです。

なぜ、自由自在に自分を操ることが可能なのか？

こうした、潜在意識があなたの心と身体におよぼす影響は、頭で理解したからといって解決できるものではありません。

言ってみれば「心」の問題です。

心の問題を解決するには、心に効く方法を取らなければなりません。

1分催眠法は、心、つまりマイナスのフィルターの源になっている潜在意識にアクセスして、ネガティブな記憶を少しずつ書き換えていきます。

通常の自己暗示やアファメーション（自己肯定宣言）と大きく違うのは、自分で自分を催眠状態に導くことで、潜在意識にアクセスしやすい状態をつくり出し、その上でプラスの言葉を投げかけていくことです。

ここで「あれっ？」と思った人はいませんか？

「潜在意識にアクセスしやすい状態って何だろう」って思いませんでしたか。

そうです。

「自由自在に自分を操る」ための方法として、私がみなさんに1分催眠法をおすすめする一番の理由。その秘密がここに隠されています。

「潜在意識にアクセスしやすい状態」とは、どのようにつくり出すのか、なぜそのようなことができるのか?

次の章では、その秘密についてお話ししましょう。

Chapter 3

1分催眠法で自由自在に自分を操る

私たちの頭と心には「門番」がいる

仕事で都心の大きなオフィスビルを訪れることがよくあります。そうしたビルで、まず目に入ってくるのが警備員の人たちの姿です。

彼らの役目は、不審な人物が入り込んでいないか、無関係の人が迷い込んでいないかどうかをチェックすることです。

厳しい目をした人の前を通るときは、自分には一切後ろめたいことがなくても、少しだけ緊張してドキドキします。

じつは、私たちの心の中にも、こうした警備員がいます。

役割は同じです。

誤った情報が入り込んでいないか、無関係な情報が含まれていないかなどを調べて、問題があるとそれらの情報をシャットアウトします。

頭と心の「門番」です。

人生の9割を支配するものの正体とは？

私たちの脳の中には2つの領域があると言われています。

「潜在意識」と「顕在意識」です。

「潜在意識」は、これまでお話ししてきたように「無意識」の領域です。

それに対して「顕在意識」のほうは、頭で考えたり、理解したり、判断したりと、自分でコントロールできる領域です。

心理学では、潜在意識と顕在意識をあわせて「意識」と呼んでいます。

意識が、私たちの感情や行動や身体におよぼす影響を「10」とした場合、そこに占める潜在意識と顕在意識の割合はどのぐらいになると思いますか？
5対5？
それとも潜在意識が3で、顕在意識が7？
いやいや、その逆で7対3？

残念ながらどれも違います。
一般に「潜在意識が9で、顕在意識が1」とされています。
それぐらい潜在意識が私たちにおよぼす影響は大きいのです。

なぜ「運が悪い人」はいつも運が悪いのか？

少し話がそれましたので、話を「門番」に戻しましょう。
先ほどは「頭と心の門番」と言いましたが、「潜在意識の門番」と呼んだほうがより正しいかもしれません。

その門番ですが、どこにいるかと言うと、顕在意識と潜在意識をつなぐ部分にいます。

何をやっているかと言えば、頭で考えたり、理解したり、判断したりした情報のうち、潜在意識に入れてもよいものとそうでないものを選別しています。

潜在意識に入れてよい情報とそうでない情報を選別するには、基準が必要です。

ビルの警備員であれば、その人物がテナントに勤務する従業員であるかどうか、あるいは関係者やお客様であるかどうかをチェックして入館の許可を出します。

それでは、潜在意識の門番はどうでしょうか?

潜在意識の門番は、潜在意識に保管された情報と照らし合わせをします。

過去の記憶の中から、いま入ってきた情報と似たような情報がないかどうかを探します。

同じような情報が見つかった場合は、その情報が入るのを許可し、潜在意識に保管された記憶が強化されます。

逆に、潜在意識の中に似たような情報が見つからなかった場合は排除します。

潜在意識は同質の情報を積極的に集め、異質な情報はシャットアウトするように働くのです。

以前「ネガティブ思考の人はネガティブな情報に、ポジティブ思考の人はポジティブな情報にフォーカスしやすい」とお話ししましたが、それはこのためです。

自分を変えるのが難しいワケ

この潜在意識の門番のことを「自我」と呼びます。

私たちは自我を持っているから、いつも自分らしくいられます。毎日、同じように考え、同じように振る舞うことができます。

それ自体はとてもすばらしいことです。

ところがいまの自分が、なりたい自分であるとは限りません。

私たちは「自分らしくありたい」と思いながら、それと同時に「もっとよくなりたい」「人間としてもっと成長していきたい」といつも願っています。

自我は、そうした私たちの夢や願望を実現するときの障害となります。

なぜなら自我は、過去の記憶と異なる情報はできるだけ排除するように働くからです。

自我に善悪の判断はできません。

自我がチェックするのは、過去の記憶と同じかどうかだけです。

潜在意識に「自信がない」という記憶が保管されているとしたら、それと同じ情報を集めます。

逆に「自信がある」という情報は、潜在意識に入り込まないように顕在意識のレベルで入室を「お断り」します。

頭で「こうしたほうがよい」と理解しても、感情がともなわなかったり、行動に移せないのは、こうした自我の働きがあるからです。

私たちは「変わりたいけど、変われない」のではなく、じつは「変わらない」ようにプログラミングされているのです。

だから、変わることが難しいのです。

1分催眠法で「自我」を休ませる

ここで改めて、自分に向けて「私は自信にあふれている」と唱えたことを思い出していただけますか？

最初はただ「私は自信にあふれている」の言葉を10回唱えてもらいました。

次に、1点凝視法（1分催眠法）で自分を軽い催眠状態にしてから、同じ言葉を同じ回数だけ口に出してもらいました。

おそらく多くの人が、1回めよりも2回めのほうに暗示の効果を感じたはずです。

どうしてでしょうか？

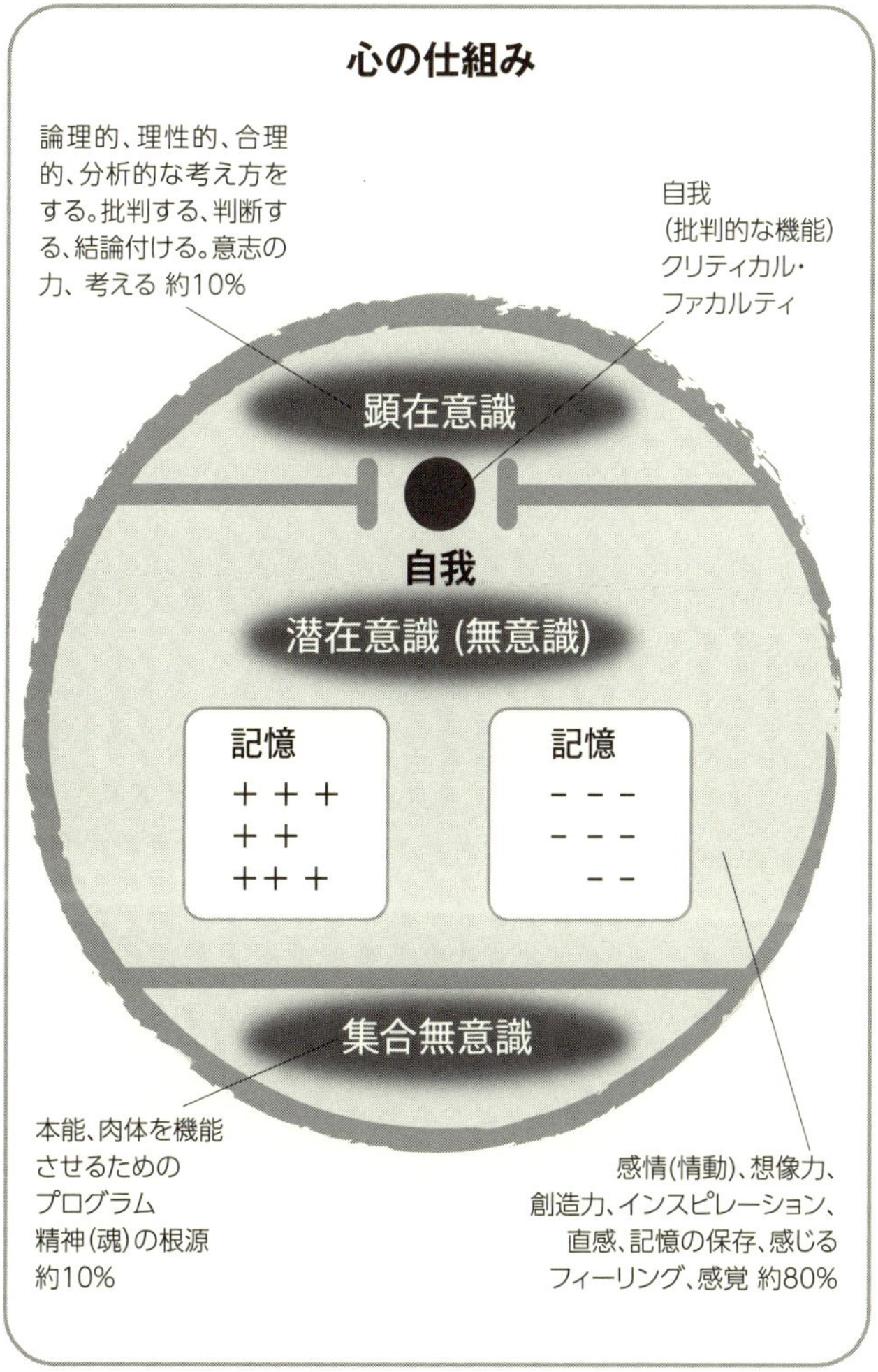
心の仕組み
論理的、理性的、合理的、分析的な考え方をする。批判する、判断する、結論付ける。意志の力、考える 約10%
自我
(批判的な機能)
クリティカル・
ファカルティ
顕在意識
自我
潜在意識（無意識）
記憶
＋＋＋
＋＋
＋＋＋
記憶
－－－
－－－
－－
集合無意識
本能、肉体を機能させるための
プログラム
精神(魂)の根源
約10%
感情(情動)、想像力、
創造力、インスピレーション、
直感、記憶の保存、感じる
フィーリング、感覚 約80%

秘密は「催眠法」にあります。

催眠法には、自我を休ませる働きがあるのです。

自分を催眠状態に導くことで、

「自我さん、ご苦労様です。しばらく休憩してください。仕事はしなくてよいですよ」


とできるのです。

すると、これまで自我に拒否され続けてきた言葉、

「私は自信にあふれている」

「私の集中力は高まっている」

「私は大丈夫。きっとうまくいく」


などが、休憩中の自我の前をすーっと通り抜けて、潜在意識にダイレクトにアクセスするようになります。

自我が監視していたときのように、プラスの言葉が潜在意識の手前で拒否される、跳ね返されるようなことがなくなるのです。

「自我」が休めば、暗示がかかりやすくなる

自我の休みをついて潜在意識に入り込んだプラスの言葉たちは、マイナスのフィルターの元となっている「ネガティブ貯金」に働きかけます。

私は自信がない　→　私は自信にあふれている
私は何をやってもダメ　→　私はできる。私はできる。私はできる
私は集中力がない　→　私の集中力はグングンアップしている
私はいつも物事を先延ばしにする　→　私はすぐに行動している
私はあがり症だ　→　私は落ち着いている。私は堂々としている

このようにして、潜在意識に刷り込まれたマイナスの思い込みを、プラスの言葉で少しずつ書き換えていきます。

潜在意識のネガティブな部分にプラスの言葉が入っていくと、マイナスのフィルター（プログラム）が少しずつ修正されていきます。

たとえば「自分はダメ」といった思い込みが薄れ、「自分は大丈夫なんだ」と思えるようになっていきます。すると感情がネガティブになりにくくなります。

本書で解説している「1分催眠法」では、通常の自己啓発セミナーや自己啓発書で見られるような「ポジティブシンキング」とは違ったアプローチで、あなたをなりたい自分に導いていきます。

自己啓発セミナーに参加して、「ポジティブ思考でいる大切さ」をとくとくと説かれると、瞬間的にそのような心理状態になれます。

しかし、数日もすると、すっかりと「熱」は冷めて、またいつもの状態に戻ってしまいます。

無理もありません。

なぜなら、心の深い部分で「なりたい自分」に変わったわけではないからです。

「なりたい自分」になるには、潜在意識にアクセスして、心の深い部分から書き換えていく必要があります。

そのための方法として自己暗示やアファメーション（自己肯定宣言）がありますが、これだけではうまくいかないことがあります。

先ほどお話ししたように、新しい自分になることを自我が邪魔するからです。

意志だけで自分を変えようとしても無理

そこで催眠法を使います。

催眠状態にして自我を休ませ、その間にプラスの言葉を投げかけます。

自己啓発セミナーに参加しても、関連の書籍を読んでも、自己暗示をしても、うまくいかなかった。それは、あなたの努力が足りないわけでも、意志が弱いからでもありません。ただ、そのための最善の方法を知らなかっただけなのです。

もう一度だけ繰り返させてください。

人は、頭で理解しただけではなかなか変われません。特に新しい情報は簡単には定着しません。なぜなら自我と潜在意識が邪魔をするからです。

そこで1分催眠法を利用する。自我をリラックスさせて、潜在意識をプラス方向に修正することで、理想の自分に近づくことができます。

「アラジンの魔法のランプ」はコレで説明できる

ここで潜在意識の特長について、いくつかお話しさせてください。

勝つためには、よく相手を知ることが重要。

スゴイ力を持った潜在意識の特長や性質をつかんで、有効に活用しましょう。

頭で理解したり判断したりしたこと（意志）と、心の奥深くに刷り込まれた記憶（潜在意識）が真っ向からぶつかったら、まず潜在意識のほうが勝ちます。

そんな強力なパワーを持つ潜在意識の力を抑えて、自分を「自由自在に操れるようになる」のはそう簡単なことではありません。

おそらくほとんどの人が失敗するでしょう。そのために私たちはたくさんの「できない」悩みを抱えているわけです。

そこで発想を変えます。

潜在意識の力を押さえ込むのではなく、潜在意識の力を利用することにします。潜在意識は敵にまわすと最悪の相手ですが、味方につければこれほど心強い味方はいません。

そのためのひとつの方法が、1分催眠法です。

催眠法で「自我」の扉を開き、潜在意識にアクセスして、あなたの願いや夢をかなえてくれる味方にするのです。

子どものころに『アリババと40人の盗賊』や『アラジンと魔法のランプ』の話を両親に読み聞かせてもらったり、自分で読んだりしたことはありませんか？

『アラビアン・ナイト』（千夜一夜物語）に収録されている有名な物語です。

『アリババと40人の盗賊』では、魔法の呪文「開け、ゴマ」を唱えると金銀財宝を隠した洞窟の扉が開きました。

『アラジンと魔法のランプ』では、魔法のランプをこすると、こすった人の願いをかなえてくれる魔人が姿を現しました。

それと潜在意識にどんな関係が？

勘のよいみなさんならもうお気づきでしょう。「開け、ゴマ」という呪文、魔人を呼び出すためのランプをこする行為、どちらも無限の力を秘めた「潜在意識」へのアプローチを暗示しているようには思えませんか？

そうなのです。
潜在意識は、あなたの夢や願いをかなえてくれる魔法使いです。あるいは夢や願いをかなえてくれる自動装置といってもよいでしょう。

イチローがメジャーリーグで一流になれたのはなぜか？

潜在意識は、ゴールを決めるとそれを目指して勝手に動き始めます。
たとえば「ゴール」→「潜在意識の動き」の関係で表すとこうなります。

自信がある → 自分はダメだと思いにくくなる
すぐに行動する → 先延ばししなくなる
サッカー選手になる → サッカー選手になるための行動がしやすくなる
ダイエットして10キロやせる → やせるための行動がしやすくなる

半年以内に禁煙する　↓　半年以内に禁煙するための行動がしやすくなる

メジャーリーガーのイチロー選手は、小学校6年生のときに「ぼくの夢は、一流のプロ野球選手になることです」と題する作文を書いています。

野球選手になる、サッカー選手になる、学校の先生になる、こうした夢を作文にしたためることは別に珍しいことではありません。

イチロー選手がスゴイのは、その後です。彼は、その作文の中で「プロ野球選手になるための道筋、毎日の練習量、全国大会での活躍、高校卒業後に中日ドラゴンズか西武ライオンズに入団、契約金は1億円……」などその時々のゴールを明確に記しています。

この点が単に「〇〇〇になる」と夢を語って、そのまま終わってしまう人との大きな違いかもしれません。

たしかに、イチロー選手は稀有な例と言えるでしょう。しかし、そこから気づきを得て、応用することは私たちにもできます。

潜在意識の力を活かすには、まずゴールを決めること。ゴールは明確であればあるほど、夢や願望を実現しやすくなります。

ただし、私たちの潜在意識には、夢や願望の実現を邪魔するネガティブな記憶や体験がたくさん保管されています。

潜在意識をゴールに向けるには、そうしたマイナスの記憶をクリーニングしなければなりません。

そこで催眠法の力を借りる。

すると、新たなゴールに向かって潜在意識の力が働き出します。

願いを与えると、潜在意識はそのために働いてくれます。

願いとは、イマジネーション。いまとは違う、将来の姿を思い描くことで、潜在意識は動き出します。

「ここ」に、あらゆる記憶が保管されている

潜在意識は、あなたが思っている以上に、あなたが体験したことや、そのときに感じたことを覚えています。

覚えていない、すっかり忘れている、と思っていることの多くが、潜在意識に保管されています。

そうした記憶を引き出すこともできます。

たとえば「小学校の入学式を思い出せ」と指定すれば、潜在意識は入学式にまつわる記憶や感情を探しにいきます。

「入学式は雨が降っていた、晴れていた」

「あのとき、どんな服を着ていた」

「両親も一緒に来てくれた」

「うれしかった、ドキドキした」


ふだん、使っていない記憶なので、引き出すまでに時間がかかるかもしれません。

また人によっては、催眠状態で子どもの頃に戻って、そのことを思い出してもらう「年齢退行療法」が必要になるかもしれません。

でも、潜在意識はきっと見つけ出してくれるでしょう。

人の名前、地名、映画や本のタイトル、曲名などを、ど忘れしてしまうときがよくあります。年齢を重ね、記憶の量が増えていくと、なおさらです。

どれだけ考えても思い出せない。で、あきらめる。

ところがしばらく経ってから、数分後、数時間後、ときには数日後に、突然、答えが頭に思い浮かび、「思い出した！」ということはありませんか？

あなたが「もうだめ」とあきらめた後も、潜在意識はずっとあなたの命令にしたがって探し続けていたのです。

あなたの行動にブレーキをかけるものとは?

目の前に2本の道が伸びています。

あなたは、そのうちのどちらか一方を選ばなければなりません。

1本はいまの仕事をずっと続けていく道です。あなたはいまの仕事に満足していません。いつか転職したいとずっと思い続けています。

もう1本の道は、まったく新しい世界へとつながる道です。その道を進めば、いまよりもっとすばらしい人生が待っているかもしれません。逆に、いまよりもつらく厳しい生活を強いられることも考えられます。


あなたならどちらの道を選びますか?

このような場合、ほとんどの人が現状維持、つまり不満を持ちながらも「いまの会社にいること」を選びます。

なぜでしょうか?

潜在意識がブレーキをかけるからです。潜在意識は、この先、どうなるかわからない道をあえて選ぶようなことはさせません。

潜在意識は、安定を好み、変化を嫌います。

だから、多くの人が、多少の不満を抱えながらも現状維持を選ぶのは、当然のことなのです。

ダイエットや禁煙が難しい理由

ダイエットや禁煙を続けるのが難しいのも同じ理由からです。

結婚を控えた花嫁がマリッジブルーになる。子どもができるのを心待ちにしていた人が、いざ親になったとたん、子どもに愛情を抱けなくなってしまう。

これらも潜在意識が持つ「現状維持メカニズム」によるものです。

その人にとっていまが最高・最上の状態でなかったとしても、いまのままでいるほうが生命としては安全・安心なのです。

だから、これまでと違った行動を起こすのは難しい。


そうした現状維持の力を打ち破るには、イメージの力が必要です。

なりたい自分、すばらしい未来、楽しい将来――こうした夢や理想を描くことで、潜在意識のブレーキを外すことができます。

ところが多くの人が、周囲から「現実はそんなに甘くないよ」とか「そんなに簡単にはいかないよ」と言われてあっさりとあきらめてしまいます。


潜在意識は、あなたの夢をかなえてくれる「味方」になる。その一方で、あなたの変化を許さない「障害」にもなる。

潜在意識には、このような二面性があることを覚えておいてください。

新規プロジェクトがなかなか成功しない一番の要因

ここまで見てきたように、潜在意識には私たちの人生を左右するスゴイ力が秘められています。その強力さゆえに、まるで潜在意識が主人で、顕在意識が使用人のように思えてくるかもしれません。

たしかに、見方によってはそのようにもとれますが、それでもあなたを動かしているのは、やっぱり「いま」のあなた、顕在意識のほうです。

たとえば、仕事で何か新しいプロジェクトに挑戦することになりました。このときにあなたは直感的に「これは難しい」と思い、それを口にしました。

まだ何もスタートしていない段階で、実際にどのぐらい難しいか、どのような部分が難しいのか、そもそも本当に難しいのかどうか、こうしたことが何もわかっていいないにもかかわらず、物事を判断してしまうことってありますよね。

第一印象だけで「難しい。無理。できない」と決めつけてしまうようなことが。

すると潜在意識は、あなたが定義した通りに動き始めます。

このプロジェクトがいかに難しいものであるかを証明するために、「難しい」にフォーカスをあてて、「難しく」思わせるための証拠集めをする。

「難しい」と言ったとたんに、難しいところをどんどん探してくれる。

あなたに「難しい」とより強く思ってもらうためです。

逆に「難しいけど、自分ならできる」と思えば、潜在意識はあなたができる部分を探し出す方向で動いてくれます。

あなたに「難しいけど、自分ならできる」と思ってもらうためです。

どちらの場合も、最初に命令を発しているのは、あくまでもあなた自身であり、潜在意識が動き出すのはその後です。

潜在意識は、常にあなたの命令で動いているのです。

潜在意識を活性化させる方法はこれだ!

あなたと潜在意識の関係をまとめると次のようになります。

〈あなたの命令〉 ↓ **〈潜在意識の動き〉**

これは難しい ↓ 「難しい」を探せ
これはできる ↓ 「できる」を探せ
絶対に無理 ↓ 「無理」を探せ

そうは言っても、実際に難しいことにチャレンジするとき、「難しい」と感じないようにするのは難しいかもしれません。

そのようなときは、次のように解釈を変えてみましょう。

これは難しい　↓　これは自分をステップアップさせる挑戦だ！
これは難しい　↓　昔の自分なら無理だったろうが、いまの自分ならできる！
これは難しい　↓　あれは古い自分が言った言葉だ！

大事なことは、ネガティブな発想をした「少し前の自分」に気づくことです。
気がつきさえすれば、後から意味付けを変えたり、１分催眠法によってプラスに転じさせることができます。
すると、新しい定義にしたがって潜在意識は新たな活動を始めます。

1日に5万回、あなたに影響を与えているモノとは?

1日、約5万回!

さて、何の数字でしょう?

ご存じの方もいるかもしれません。

そうです。

私たちは、1日に5万回、心の中でつぶやいているそうです。1日に5万もの「考え」が頭に思い浮かぶのです。

5万というと東京ドームの収容人数と同じくらいです。

それに近い「考え」が毎日、私たちの頭の中をよぎっていくのです。

なんとなくイメージができましたか?

肝心なのはここからです。

1日に約5万回、頭の中に浮かんでは消えていく「心のつぶやき（セルフトーク）」も、先ほど取り上げた「難しい」と同じように、潜在意識に影響を与えます。

つまり潜在意識への命令となります。

「面倒だなー」「やりたくないなー」「つらいなー」という心のつぶやきは、「面倒なこと」や「やりたくない理由」や「つらく感じる理由」を探せ！　という命令になります。

すると、あなたは、ますますそのことをするのが「いやで」「つらくて」「やりたくない」気分になります。

こうなってしまうと、動き出すのは大変です。

同じように、「楽しい」「面白い」「やってよかった」という心のつぶやきは、あなたをますますやる気にさせてくれます。

すると、当然、気分よくスーッと動き出せるようになるのです。

心のつぶやきをポジティブなものに変えるには?

なりたい自分になるためには、口から発する言葉だけではなく、「心のつぶやき」にも気配りしましょう。

とは言っても、意志の力で心のつぶやきは止められません。こうした邪念は、私たちの意志とは関係ない領域で生まれてくるものだからです。

でも対処法はあります。

マイナスのつぶやきの発信源となっているのは、言うまでもなく潜在意識に保管されているネガティブ貯金。

だったら、元を変えていけばよいでしょう。

1分催眠法で、ネガティブなプログラムに修正をかけます。すると、それにしたがって少しずつマイナスの心のつぶやきが減っていきます。

ほとんどの人が、心のつぶやきについて真剣に考えたことはないはずです。
私たちの感情や行動は、こうした心のつぶやきにも左右されます。
マイナスの影響はできるだけ減らし、プラスの要素を増やしていきましょう。

Chapter

4

1分催眠法は
こうやりなさい

安心できる場所、リラックスできる場所を選ぶ

何をするにもそれにあった「場」が必要になります。

1分催眠法を行うのは、どのような「場」がよいでしょうか?

ポイントは「安心感とリラックス」。そして「途中で人から話しかけられたり、最中に邪魔が入りそうな場所は避ける」。この2点です。

それ以外は自由。

座ってやったほうがいいか、立ったままでもかまわないか?

これも自由。

本格的な催眠療法は、場所や条件を選びますが、1分催眠法なら、ちょっとした時間を見つけて、どこでも誰でも簡単にできます。

ただし、あなたが安心できる場所、リラックスできる場所を選んでください。なぜかというと、なんだか落ち着かない、こんな場所でいいのか不安……、このように意識が別のことに向かうと、催眠状態に入りにくくなるからです。

「安心できる場所」と言われてパッと思いつかない人は、あなたが眠りにつける場所、あるいはふだん寝ている場所を思い浮かべてみるとよいでしょう。

自分の部屋、リビング、寝室、電車の中、よく行くカフェのお気に入りの席、クルマの中、公園のベンチ、図書館、あるいはお風呂（お風呂の中で寝るのは危ないですが）……。

あなたが眠りにつける場所は、あなたが安心していられる場所です。

「催眠」と「睡眠」――この2つは、字や音が似ているだけではなく、いくつか共通点もあります。

たとえばあなたが寝やすい場所は、催眠を行う場所にも向いています。ともに安心感を感じることができ、心と身体がリラックスできる場所だからです。

「静かな場所がよいか？　少しざわついた場所がよいか？」
「一人になれる場所がよいか？　まわりに人がいたほうがよいか？」
「明るい場所がよいか？　うす暗い場所がよいか？」
「狭い場所がよいか？　広い場所がよいか？」

それは人それぞれです。あなたの好きな環境を選んでください。

一人暮らしをされている人の中には、家に帰ったらまずテレビをつけるという方がいます。

理由は、静かすぎると不安になってしまうのだと言います。

そうした方は、ＴＶをつけたままでもＯＫ。バックグラウンドにお気に入りの音楽を音量は抑えめで流しておくのもよいでしょう。

集中力と催眠の関係

1分催眠法では、リラックスすると同時に、集中することも大事になってきます。前にお話しした「1点凝視法」を思い出してください。

1点凝視法では、ポイントを決めて、その1点に意識を集中することで、催眠状態へ入っていきました。

じつは、集中とリラックスは振り子のような関係にあり、練習次第で、「集中」と「リラックス」をスパーンスパーンと切り替えられるようになります。

集中力は、仕事、スポーツ、勉強、家事……、何をするにも欠かせません。

集中力も1分催眠法で高めていくことができます。

それでは次に1分催眠法の具体的な手順について見ていきましょう。

何も考えない時間をつくる

1分催眠法を始める前に、簡単な練習をしてみましょう。

まずはゆっくりと目を閉じてください。

そして何も考えずに、頭の中を空っぽの状態にします。何も考えられない状態になったらゆっくり目を開けてください。

どうでしたか。うまくいきましたか?

私たちの頭の中は、いつも雑念や邪念でいっぱいです。常に何かを考えています。心のつぶやきですね。

1分催眠法では、まずそうした頭の中を占めるあれこれを取り払い、何も考えない状態、頭がぼんやりとした状態をつくるところから始めます。

いわゆるトランス状態、催眠状態です。

いま試してもらったように、「ただ目をつぶって、何も考えない」のは意外と難しい。中には「考えない」ということを考えてしまった人もいるでしょう。

ところが1分催眠法を使うと、これが簡単にできます。1分催眠法では、あることに意識を集中させることで、何も考えない、頭の中がぼーっとする軽い催眠状態をつくり出します。

そして、その上でなりたい自分になるための暗示の言葉をかけていきます。

1分催眠法の4つのテクニック①1点凝視法

ここでは4つの催眠法を紹介します。その中でも一番やりやすい「1点凝視法」からお話ししましょう。

そのほかに「カウントダウン法」「イメージ法」「条件反射法」があります。これらについても順番に見ていきます。

1点凝視法とは、どこか1点を見つめることによって催眠状態に入っていく方法です。「凝視すること」が催眠状態に入る合図になります。

まず目標物を決めます。

何でもかまいません。

机の上に置かれたカップ、携帯電話、鉛筆、消しゴム。壁に貼られたポスター（の一部分）、ポスターを留めている画びょう、カレンダー、窓の外に見える電柱、木々、自転車。

こうした動かないもの、意味をなさないもの（文字以外）からあなたの好きなものを自由に選んでください。

目標が決まったら、そこだけを見続けます。

しばらくすると、左右の隅の視界がグーッと広がり、ぼんやりとしてくるはずです。

これが催眠状態です。

催眠状態になったらゆっくりと目をつぶりましょう。

そして暗示の言葉を決めた回数だけつぶやきます。言い終わったら、ゆっくりと目を開けてください。

これで終了です。

1点凝視法では特に何かをイメージする必要はありません。催眠状態のまま言葉をつぶやいていくだけです。

1分催眠法の4つのテクニック②カウントダウン法

1点凝視法とともに、初めての人におすすめなのがカウントダウン法です。

1点を見つめ続けるのが苦手な人は、こちらを試してみてください。

目を閉じて、心の中でゆっくり「10、9、8……3、2、1」とカウントダウンしていきます。
「０」までいったら、一呼吸おいて暗示の言葉を口にします。
カウントダウン法では、「０」が催眠状態に入る合図となります。

1分催眠法の４つのテクニック③イメージ法

前の２つに比べて、少し難しいかもしれません。
イメージ法では、色や情景を思い浮かべることで催眠状態に入り、暗示の言葉をかけていきます。

まずゆっくりと目を閉じます。
次に好きな色を思い浮かべます。
たとえば、黄色を見るとやる気が出るという人は、黄色い空間をイメージしてください。色は自由に決めてかまいません。

黄色い空間の中には、もう一人の自分がいます。色に包まれている感じです。

もう一人の自分が見えてきたら、そこに向かって暗示の言葉をつぶやきます。

「私は自信にあふれている」「私は自信にあふれている」「私は自信にあふれている」……。

すると暗示の言葉が、もう一人の自分の身体に吸い込まれていきます。外からエネルギーを注ぎ込んでいるようなイメージです。


これを決めた回数だけ繰り返します。

情景を思い浮かべるときもやり方は同じです。

目をつぶって、あなたが好きな場所、リラックスできる場所を選んでください。静かな森の中を一人で歩いているシーン、芝生の上にごろんと横になってぼんやりと空を眺めているシーン、砂浜に座って海を見ているシーン、など。

イメージできたら、先ほどと同じようにもう一人の自分に暗示をかけます。

これで完了です。

イメージ法には、1点凝視法やカウントダウン法のようにこれといった約束事はありません。自由にイメージをふくらませてください。

1分催眠法の4つのテクニック④条件反射法

これまで紹介してきた催眠法と違って、一瞬で催眠状態に入ります。

最初に催眠状態に入るための合図を決めます。

たとえば「指をパチンと鳴らす」や「手をパンと叩く」など、何でもかまいません。指を鳴らしたり、手を叩くと瞬時に何も考えられない状態になるので、即座に暗示の言葉を決めた回数だけ繰り返します。

条件反射法は、これまで紹介した中でもっともシンプルな催眠法です。しかし、シンプルだからこそスムーズに行うためには多少の練習が必要です。

これとよく似た光景をトップアスリートたちに見たことはないでしょうか?

イチロー選手がバッターボックスに入った際に見せる、バットをバックスクリーンに突き出し、左手で右袖を引っ張る姿。

少し前のことになりますが、北京オリンピックで金メダルを獲得したソフトボールの女子日本代表の選手たちが、全員揃って人差し指を天に突き上げる姿。

楽天の田中将大投手も、甲子園に出場した際、同様のナンバーワンポーズを見せたことを覚えている人がいるかもしれません。


これらは「アンカリング」と呼ばれる自分を操るためのテクニックで、あらかじめ決めたポーズを取ることによって「最高の状態」を瞬時に引き出します。合図によって催眠状態に入る。ポーズによって最高の自分を呼び出す。よく似ていますね。

アンカリングに興味のある方は、「NLP(神経言語プログラミング)」に関する解説書を読まれるとよいでしょう。

暗示の言葉は何回がベストなのか？

さて、最後に何回暗示の言葉を繰り返せばよいのかをお話ししておきましょう。

結論から言うと、特に決まりはありません。何回でもＯＫです。

私の経験上から言うと、７の倍数がよさそうです。７回、14回、21回。

科学的な裏付けはありませんが、私たちにとって「７」は特別な数字であることは誰もが認めるところ。ラッキー７、１週間は７日間、７つの習慣、７つ道具、七福神、七転び八起き……。

７の倍数ではきりが悪い。そう思われる方は、10の倍数にしてはどうでしょうか。10回、20回、30回。

また回数は決めずに、自分の中に浸透してきたと感じたところでやめる、という方法でもかまいません。

暗示の効果は、繰り返す回数が多ければ多いほど高まります。

「催眠状態に入らなきゃ」と力まない

1分催眠法のコツ、それは何といってもがんばらないこと。難しく考えないこと。力まず、気楽にやるのが一番です。

1点凝視法だったら、カッと目を見開いてにらみつけたりするのではなく、なんとなく、ただ単純にぼーっと同じ部分だけを見続ければよいのです。

そのうちに視野がぼんやりと広がってきて、何も考えられない状態になります。そうなったら目をつぶって、暗示の言葉をつぶやいてください。

初めのうちは「催眠状態に入らなきゃ、入らなきゃ」という意識が強く働くかもしれません。

でも、そうしたときこそ意志の力は捨て、ただただ1点をぼんやりと見続けるとよいのです。

　自己暗示の創始者であるフランスのエミール・クーエは言っています。

「ある考えを意志の力で抑えようと努力をすればするほど、その考えはますます強まってしまう」


　意志の力とは、頭で考えてそうしようとする力、がんばろうとする姿勢です。

　たとえば、明日の朝、いつもよりも早く起きなければいけない。なのになかなか寝つけない。「寝よう、寝よう、寝よう」と考えれば考えるほど逆に目が冴えてしまう。

　私たちの身体と心は、このような性質を持っています。

　こうしたときにやるべきことは「寝つけない」という事実を受け入れること。そして、それ以上は考えないようにすることです。

　そうは言っても、何もせずに考えない状態をつくるのは難しい。そこで何か別のことに意識を向けます。眠くなるまで読書をするのもよいでしょうし、それこそ1分凝視法で催眠状態に入るのもひとつの方法です。

まちがっても、「早く寝なくちゃ、早く寝なくちゃ」と努力しないでください。がんばればがんばるほど、意識が「眠れない」にフォーカスされて、ますます眠れなくなります。

考えない、がんばらない、理解しようとしない

催眠状態に入るときも同じです。

ただただリラックスして、1点を見る、色や情景をイメージする、数字を数えることにフォーカスを向けましょう。

「目を閉じてください」と言われれば、ただ自然に目を閉じればよいのです。「身体をリラックスしてください」と言われれば、ただ力を抜けばよいのです。

催眠状態に入ってからも「がんばり」は禁物です。

暗示の言葉を頭で理解しようとがんばらないでください。催眠状態のまま、ぼーっ

としたまま、ただただ聞き流しましょう。


「私は自信にあふれている」

「私は自信にあふれている」

「私は自信にあふれている」


頭で「意味を理解できた」と実感できなくて結構です。いや、むしろそのほうがいいのです。「自信があふれている」の意味は十分に理解できています。

やるべきことは、自分に向けて言葉を繰り返し投げかけていくことだけ。

「私は自信にあふれている」というプラスの言葉は、あなたの潜在意識にまちがいなく届いています。

考えるほど、がんばるほど、理解しようとするほど、1分催眠法の効果は下がります。考えない、がんばらない、理解しようとない。それでいて、なりたい自分になることができる。ここが1分催眠法のスゴイところです。

私たちは、頭で考えて、理解して、納得することに慣れすぎています。

しかし、それは顕在意識の話で、潜在意識にはあてはまりません。

「考えない。がんばらない。理解しようとしない」

1分催眠法を成功させるための三原則です。

うまく催眠状態に入れないときは言葉だけでもOK

頭の中にいろいろな考えが浮かんで、うまく催眠状態に入れないときもあります。イライラしている、心配事がある、失敗を気にしている……理由はさまざまでしょうが、すべて潜在意識がキャッチしていることなので、意志の力で抑えることはできません。

先ほどお話ししたように、がんばろうとすればするほど、次々と雑念や邪念が思い浮かんできます。

頭の中から雑念や邪念が消えないと、催眠状態になかなか入っていけません。集中できないからです。

誰でも、そのような日があります。

体の調子が悪くて、集中力が発揮できない日もあるでしょう。

そのようなときは、催眠状態は省いて、暗示の言葉をかけるに留めてもＯＫです。

呼吸に意識を集中する

あるいは、こんな方法もあります。

自分の呼吸に意識を集中して、心をリラックスさせる方法です。

椅子に座り、肩の力を抜いて、両腕をだらっとさせます。

両手をひざの上に乗せて全身をリラックスさせます。

鼻から息を吸います。1秒、2秒、3秒。

3秒経ったら、同じ時間だけ息を止めます。

そして、6秒かけて口から息を吐き出します。


これを計5回繰り返してください。

合計60秒、1分間です。


意識を呼吸に集中するのがポイントです。

時間にはあまりこだわらなくてかまいません。

吸う時間よりも、吐く時間を長くしてください。ゆっくりと時間をかけて息を吐き出すことで副交感神経が刺激されて、だんだんと落ち着いていきます。

雑念を紙に書き出してみる

それでもうまくいかないなら、頭に思い浮かぶ雑念や邪念を紙に書き出してみましょう。

たとえば、

・銀行に行ってお金を下ろす
・そろそろ髪を切りに行かないといけない
・月末までに家賃を振り込む
・今日の夕飯は何を食べよう
・爪が伸びているから切らなくっちゃ

このように頭に浮かんだあれこれをすべて書き出してみる。書き出すということは、頭の中から吐き出すことになります。

やらなければいけないことや忘れてはいけないことがあると、私たちの頭はそのために仕事をします。

「忘れないようにしなくっちゃ。覚えておこう」と。

そこでそれらを紙に書き出してやる。

すると、「ここに書いてあるから忘れても大丈夫」となって、頭の中から消え去ります。

なぜ紙に書き出すと不安は解消されるのか？

書き出すことは、不安の解消にもつながります。

仕事のことが、お金のことが、不安で不安で仕方なかった。ところがその原因は「何か」と書き出してみたら、じつは大したことではなかった。

そのようなこともあります。

書き出すということは、つまり視覚化するということ。漠然と頭に思い浮かぶことを「見える化」すると、実態が把握しやすくなります。

するとそれが不安の解消につながるのです。


目を閉じると、いま気になっていることが次々と思い浮かんできます。ときにはある思いが頭を占拠してしまうこともあるでしょう。

毎日、私たちは、さまざまなことに気を配りながら暮らしています。目を閉じたとたん、目から入ってくる情報を遮断したとたん、そうしたモノやコトが頭に浮かんでくるのは当たり前のことです。

そうしたときに、雑念や邪念が湧き出てくるのを嘆くのではなく、雑念や邪念は「湧いたら吐き出す、湧いたら吐き出す」の方向で考えましょう。

そうすることで、心の中のざわめきを（一時的ではありますが）消し去ることができます。

好きな言葉、やる気が出る言葉で暗示の効果が高まる

内容は同じでも、使われている言葉によって暗示の効果は違ってきます。自分の好きな言葉、やる気が出る言葉、気持ちが高まる言葉を選んで使うとよいでしょう。

ほめ言葉をひとつとっても、

「うまい！」

「上手！」

「最高！」

「ＧＯＯＤ！」


などと、いくつものフレーズが考えられます。

あなたはどの言葉でほめられると一番うれしいですか?

その言葉があなたに合った言葉です。

「自信を持ちたい」ときの暗示には次のようなものが考えられます。


「私はできる!」

「私は自信にあふれている」

「私はゆるがない」

「私は天才だ!」

「私は何があっても大丈夫だ」


どれも「自信を高める」ための暗示ですが、好き・嫌い、しっくりくる・合わない、感情が高ぶる・しらける、など受け止め方は人によって違います。

また同じ人でも、日によって、置かれた状況によって、響く言葉は違ってくるはずです。

1分催眠法の効果は、「言葉の持つインパクト」×「回数」に比例します。

インパクトがあるということは、あなたが欲していることを的確に表しているということ。すなわち潜在意識に訴える力が強いということになります。

その言葉を口にすると、力が湧いてくる、前向きになれる、気分がよくなる。

そういった、自分にフィットする言葉を見つけて、使うようにしてください。

暗示の言葉をつくるときの注意点

1分催眠法では、催眠状態で暗示の言葉を何度も繰り返します。ですから、暗示の言葉はシンプルかつ短いものがよい。

「私はできる！」「私はできる！」「私はできる！」「私はできる！」……。

これなら簡単に言えます。

「私は何があっても大丈夫だ」「私は何があっても大丈夫だ」「私は何があっても大丈夫だ」……。


前よりも少し長いですが、このぐらいの長さならまったく問題はありません。

191ページに、なりたい自分になるための暗示の言葉をまとめてあります。その中からあなたにしっくりくるフレーズを選んでください。

もちろん自分でオリジナルの暗示文をつくることもできます。

暗示文をつくるときの注意点については、この後お話しします。

あなたはどのタイプ？　実体派、分離派

あなたはイメージ法を試してみましたか？

まだのようでしたら、ここを読まれる前に一度挑戦してみてください。なぜなら、これからお話しすることはイメージ法を試した人向けの話だからです。

イメージ法では、頭の中で色の空間や情景を思い浮かべ、その中にいるもう一人の自分に向かって暗示の言葉を投げかけていきます。

でも、こんな人はいませんでしたか？

「少し離れた場所から第三者としてもう一人の自分を眺めている」のではなく、自分が色の空間や情景の中に入り込んでいる感じ、つまり気がつくと「もう一人の自分そのものになって周囲の光景を目にしていた」ということが。

あなたはどうだったでしょうか？

じつはどちらもまちがいではありません。イメージ法では、2つの視点が持てます。「第三者の目でもう一人の自分を見ている視点」と、「もう一人の自分になって見ている視点」です。

心理療法の世界では、前者を「分離体験」、後者を「実体験」と呼びます。

イメージ法のところでは「分離体験」の説明しかしませんでしたが、両者を組み合わせることによって、催眠の効果を高めることができます。

やり方はこうです。

色の空間か情景をイメージするところは一緒です。

最初は自分がその空間に入り込み、実体験している様子を思い描いてください。想像できたら、暗示の言葉を決めた回数だけ投げかけます。

いまあなたはその人物になっているわけですから、暗示の言葉を聞いて「うれしい」「やる気が出てきた」「わくわくする」といった感情を抱くことでしょう。

ここが「実体験」の大きな特長です。

実体験がすんだら、いったん空間の外に出て、今度は距離を持ってもう一人の自分を観察します。そして、先ほどと同じように暗示の言葉をもう一人の自分に向かって投げかけていきます。これが「分離体験」です。

感情をともなった「実体験」のほうが、そうでない「分離体験」よりも暗示としての効き目があります。ただし、次のようなことも起こりえます。

潜在意識には、現実と想像の区別がつきません。このためイメージの世界で「なりたい自分」を実体験してしまうと、「1度体験したからもういいや」とそれだけで満足してしまうことがあるのです。

実際には「まだなりたい自分にはなれていない」としてでもです。

そこで「実体験」と「分離体験」を組み合わせて使う。

実体験で感情をともなった疑似体験をし、潜在意識によい記憶や感情を与える（成功体験）。しかし、このままだと潜在意識が満足してしまうことがあるので、自分を客観視できる「分離体験」をし、「理想の自分になりたい」「あれを手に入れたい」という気持ちが残るようにする、のです。

繰り返しになりますが、これまでの話を簡単にまとめておきましょう。

イメージ法では「実体験」と「分離体験」を組み合わせると、催眠法の効果が2倍、3倍と高まっていく。

「実体験→分離体験」は、「行って」→「戻ってくる」といった流れになる。

実体験だけで終わらせないこと。そして、必ず外からもう一人の自分を見るという想像も行うこと。この2つがポイントです。

想像力を高めると催眠法の効果も高まる

「自信にあふれた自分」

「堂々とした自分」

「実行力のある自分」

「いつも前向きな自分」

「充実した毎日を過ごしている自分」

「なりたい自分」の姿を想像してみましょう。

イマジネーションをふくらませて、臨場感たっぷりにもう一人の自分を思い描いてみてください。

想像力をフルに働かせて、なりたい自分をできるだけ細かく描写します。リアルにイメージできればできるほど、催眠法の効果は高まります。

なぜでしょうか？

頭の中で想像した光景は、実際に目にした光景と同じぐらい、潜在意識に影響を与えるからです。


ここで「自信にあふれた自分」を想像してみましょう。

場所はオフィス。あなたは上司から何やら指示を受けています。あなたの仕事ぶりが評価されて、あるプロジェクトの責任者を任されることになったのです。

いつもなら不安げに「はい、わかりました」と答えるところですが、今日は「ありがとうございます。私に任せてください。絶対に成功させてみせます」と自信に満ちた声で引き受けることができました。

あなたの顔は自信とやる気にあふれています。

「うれしい！　やった！」


どうですか、情景が思い浮かびましたか？

うまくできると、想像とわかっていても、うれしくなってくるはずです。

見る、聞く、触る、におう、味わう――五感をビシビシ刺激するぐらいリアルなイメージを頭の中でつくり出してみましょう。

臨場感のあるイメージは、暗示の効果を何倍にも高めてくれます。なりたい自分にどんどん近づいていきます。

大人になると想像力が乏しくなるワケ

想像力は、私たち人間が生まれ持ったすばらしい能力です。

ところが残念なことに、そのすばらしい能力を活かしきれていない人が増えています。現実を見過ぎるあまりに、イマジネーションの翼を広げられずにいる人が多く見られます。

もったいないことだと思います。

もしかすると、いまあなたの想像力は小さな箱の中に閉じ込められているのかもしれません。だとしたら、箱から外に出してあげましょう。

箱に閉じ込めたのは、あなたの潜在意識に書き込まれた「不安」や「恐れ」や「心配」などのネガティブな記憶や感情です。

小さな子どもたちは、大人の私たちが驚くぐらい想像力豊かです。たくましいといってもよいでしょう。

ところが年齢が上がっていくにしたがい、想像力がしぼんでしまいます。周囲の大人たちが「現実はそうじゃない」「人生はそんなに甘くはない」「そんな考えが通用するわけがない」とネガティブな情報を刷り込んでいくからです。

でも、悲観しないでください。思考や意識が鍛えられるように、想像力だって鍛え直すことができます。

使わずに衰えてしまった能力は、練習で取り戻しましょう。

想像力を鍛える練習

さて、そこで問題です。

いまここに観賞用の小さなサボテンが3鉢あります。

これらのサボテンそれぞれに名前をつけてください。

男の子にしますか、女の子にしますか？

将来、どんな花を咲かせましょう？

「えっ、名前なんかつけるの？」

「男か女かなんてバカバカしい」

「どんな花でもいいよ」

そう言わずに、想像力を鍛え直す訓練と思ってお付き合いください。

そもそもこの問題に正解なんてありません。自由に発想し、楽しむことが大切なのです。

小さな箱にしまわれた、あなたの想像力をもう一度、外の世界に解放してあげましょう。想像力は、なりたい自分になるための大きな「力」になります。

暗示の言葉をつくるときの7つの法則

第1の法則　肯定文にする

どんな場合にでも、「～しようとする」「～しない」「～できない」ではなく「する」「している」を使います。また「痛み／苦痛」「失敗」「不安」などの否定的言葉は、使わないようにしてください。

あがらない　→　堂々としている

不安を感じない　→　自信にあふれている

貧乏は嫌だ　→　十分なお金を稼いでいる、十分なお金を持っている

ネガティブな表現は、ポジティブな表現に言い換えましょう。

かりに「貧乏は嫌だ！」という暗示を使ったとしましょう。このとき、潜在意識には「貧乏」だけが刷り込まれることになります。いつも「貧乏」ということに意識がいってしまいます。

第2の法則　現在形（現在進行形、過去完了）にする

潜在意識には、過去や未来はありません。あるのはいまだけ。潜在意識は「現在」しか認識できません。ですから暗示は、現在形で表現してください。しかし状況によって現在進行形や過去完了も使えます。

そして「したい」「なりたい」という表現は使わないでください。潜在意識は、「したい」「なりたい」と願っている状態をつくってしまいます。すると願望のままで、結果を

体験できません。すでにそうなっている状態を描いてください。

ポジティブな自分になりたい　↓　ポジティブな自分がいる
自信が持てるだろう　↓　自信にあふれている
お金持ちになるだろう　↓　お金持ちになる、お金持ちだ

また、たとえば胃潰瘍を患っている場合に、暗示を使いたいとき、潜在意識は体の器官の働きをつかさどっていて、問題があればそれに気づいています。
ですから、この場合には、現在進行形を使ってください。

私の胃は快調だ　↓　私の胃は、日ごとに強く健康になっている

次のような場合は過去完了も使えます。

○○の試合で優勝したい　↓　○○の試合で優勝した。ありがとうございます

第3の法則　数字を入れて具体的にする

じつは第2の法則で取り上げた「お金持ちになる」は、あまりよい暗示フレーズとは言えません。具体性に欠けるからです。

「お金持ちになる」と言っても、どのぐらいのお金持ちになりたいのかがわかりません。

年収1億円を目指すのか、それとも5000万円、3000万円、いや1000万円でよいのか。「いえいえ、そんなに多くは望みません。800万円で十分です」といったことだってあるでしょう。

願望や目標を具体的にすればするほど、潜在意識はそれを目指して強く働きます。逆にあいまいだと、何を目標に働けばよいのかがわからず効果が鈍ります。

これは、セールスマンが「今月の売上目標」を立てるのと同じです。

「今月もたくさん売るぞ。いっぱい稼ぐぞ」という目標はありえないでしょう。「契約50件」とか「売上目標5000万円」などと必ず数字を入れるはずです。

暗示文をつくるときもそれと同じ。金額や期限を具体的に決めて、潜在意識に目指すべき方向をしっかりと示してあげます。

お金持ちになる　→　２０２０年までに年収1億円を達成する
ダイエットしてやせる　→　12月までに体重が10キロ減る
禁煙する　→　10月中に吸う本数を1日1本に減らす

第4の法則　能力ではなく行動について語る

「○○ができる」という能力ではなく、「○○をしている」という行動について、暗示にしてください。能力はあっても行動に移せないと願望は実現しないからです。行動に移している自分をイメージして暗示をつくってください。

堂々と自分の意見を言うことができる　→　堂々と自分の意見を言っている
運動を行うことは簡単だ　→　運動を毎日行っている
朝6時に起きられる　→　毎朝6時に起きている

第5の法則　繰り返し表現する

一定の行動パターンを繰り返すことによって、習慣・癖が形成されます。

ある行動パターンが習慣・癖になるのに要した時間よりかなり短い時間で、それを変えたり、修正したり、置き換えたりすることはできますが、繰り返すことが新しい暗示をうまく定着させるための重要な鍵になります。

一日何回でも好きなだけ言ってください。そうすることで、大脳皮質へ暗示がよりしっかりと刻み込まれます。

第6の法則　クリエイティブに想像力を使う

潜在意識は、想像力と感情に支配されています。

うまくエネルギーの焦点をあなたの目指しているものに向けさせるために、あなたの感情がわくわくするような、よい気分を感じられるような言葉を使ってください。

それが、潜在意識に刺激と活気を与えます。

体の器官を癒す場合以外は、おおげさな表現をしてもかまいません。

第7の法則　達成可能な目標にする

目標を決める際には、ひとつ注意したいことがあります。それはあなたが「できる、達成可能」と信じられる状態や数字にすることです。

「年収1000万円を達成する」と暗示をかけているのに、心の中では「さすがに1000万円は難しいよな。せいぜい800万円かな」と思っている。だったら、初めから「年収800万円を達成」で行きましょう。

「無理」「難しい」「できっこない」ことを目標にすると、心の中の「ダメ」という思いが潜在意識に伝わってしまいます。頭が望んでいる完璧な状態は避けましょう。

実現したときの自分の姿をイメージできるかどうか？

これを基準に目標値を設定するとよいでしょう。

Chapter 5

1分催眠法で
人生をコントロールできる

1分催眠法は人間関係にも使える

1分催眠法は「なりたい自分」になるための方法です。もちろん他者が存在する「人間関係」に活かすこともできます。

たとえば、

「第一印象をよくしたい」

「初対面の人と打ち解けて話をしたい」

「会社の上司や部下と信頼関係を築きたい」

「家族や友人やパートナーとの関係を深めたい」

「子どもとよい関係をつくりたい」

といった場面でも効果があります。

ただし、みなさんもご存じのように1分催眠法には、直接他者に働きかけて「操る」

といった力はありません。

ではどうすればよいのか？
冒頭でもお話ししたように、1分催眠法は「なりたい自分」になるための方法です。
その究極の狙いは、「自由自在に自分を操る」ことでした。
勘のよいみなさんならもうおわかりでしょう。
他者と関係を築いたり、改善するために、まず自分が変わるのです。
あなたが変わることで、まわりの人とよりよい人間関係をつくり上げていきます。

「なんだそんなこと。そのぐらい知ってますよ」

このように思われた方もいらっしゃるかもしれません。そのような人は、改めて思い出してください。

「頭で理解しただけでは、私たちの思考や意識、行動は変わらない。行動が変わらないと、人生に変化は起こらない。

特に新しい情報は定着しにくい。なぜなら自我と潜在意識が邪魔をするから」

相手を変えられないのなら、まず自分のほうから良い方向へ変わってみる。

1分催眠法は、そのための手段としてうってつけなのです。

他人をほめるのが難しいのはなぜだろう

私たちは、自分のことを認めてもらったり、ほめられたり、好意をもって接してもらえたりすると、それだけでうれしくなります。

それは相手も同じです。

私たちは、いつも心のどこかで「誰かに認めてもらいたい」と願っています。

それでは、自分のことを認めてもらうにはどうすればよいのでしょうか？

成功者になる、有名人になる、お金持ちになる……。いろいろ考えられますが、一番の基本となるのは、まずあなたのほうから相手を認めてあげることです。相手を好きになってあげることです。

相手から「どう思われているのか」や「どのように評価されているか」を気にするよりも、相手が喜ぶことをしてあげましょう。

相手を認めて、ほめてあげれば、あなたもきっと幸せになれます。事実、私は、そうした人をたくさん見てきました。

「そうは言っても、自分を認めてくれていない人、ほめてくれたことがない人を認めたり、ほめたりすることに抵抗を感じる」

このような人もいるはずです。

「なんで自分から先に認めなきゃいけないの？」

「私のほうから先にほめるのはなんだか悔しい」

「ちょっと損した気分になる」


と感じてしまうことだってあるでしょう。

でも、ちょっと待ってください。もし、そのような思いがあるとしたら、それは潜在意識からのサインかもしれません。

私たちは「愛」が不足していると、無意識のうちに「欲しい、欲しい、もっと欲しい」と人に愛をねだるようになります。

そして同時に「人にあげると自分の分が減ってしまう。損をしてしまう」という思いも強くなります。

するとどうなるか?

自分のほうから相手を認めたり、ほめたりすることに抵抗を覚えてしまうのです。

プラスのエネルギーを循環させる技術

あなたの潜在意識に愛が足りていないのなら増やしてあげましょう。1分催眠法で「愛の貯金」をしてあげるのです。

「私は愛されている存在だ」
「私はありのままの私で最高だ」
「人と比べても何の意味もない」
「唯一無二の自分はそのままでOK」
「あなたも私も、それぞれみな価値あるすばらしい存在だ」

このように自分で自分のことを認めてください。ほめてください。自分に愛を与えることで、潜在意識に書き込まれたネガティブ貯金が少しずつ減り、自分に対する評価が高まります。

あなたに「愛の貯金」が増えたら、今度はその愛をまわりの人に分けてあげましょう。愛はなくなりません。あなたが人をほめれば、相手の愛の貯金が増えていきます。すると、その愛があなたに巡り巡って戻ってきます。

まず、あなた自身に愛を与えましょう。

そして、あなたの友人や恋人に愛を与えましょう。

あなたの会社の同僚にも愛を与えましょう。

もちろん、あなたの一番大事な家族にも愛を与えましょう。

あなたのまわりに「愛」があふれると、プラスのエネルギーがよい循環をつくり出します。

「愛」という言葉が受け入れにくいようでしたら、「相手の存在を認める」と言い換えてもかまいません。

相手を認めたり、ほめたりするのが苦手な人は、1分催眠法でまず自分自身を認めてあげてください。

「人見知り」の人たちに共通する「ある特徴」

人間関係にまつわる話をもう少しだけ続けます。自分の心を開くと同時に、相手の心を開くための催眠法を紹介します。

あなたが緊張していると、自然とそれが相手に伝わります。

すると相手もリラックスできず、会話もスムーズに運びません。

相手をリラックスさせるためには、まず何よりもあなたがリラックスすることが大事です。

ところが「人と一緒にいるとリラックスできない」という方が、私のクライアントの中にも大勢いらっしゃいます。

そうした方にはある共通点が見られます。

幼少時代に刷り込まれたネガティブな経験や感情です。

両親やまわりの人から、厳しく叱られたり、非難されたり、批判されたり、「あなたはホントにダメね」などとマイナスの言葉や評価をたくさん受けてきた。

それが潜在意識にネガティブ貯金として記憶されているため、人と会うと極度に緊張してしまったり、過度に自分をガードしてしまったりするようです。

初対面でも打ち解けて話すにはどうすればいいのか？

こうした緊張やガードを解くには、「自信を持つ」ための暗示が有効です。

また、人と会う前に、

「私は落ち着き、いつも笑顔だ」

「私と話すと相手は楽しくなる」

「私は人と話すのが好きだ」

「私がリラックスしているので、相手もすぐリラックスする」

「相手の話を、ニコニコ聞いている」

といった、自分を肯定する言葉を投げかけるのもよいでしょう。

あなたの潜在意識に書き込まれたマイナスの記憶や感情を書き換えていくことで、初対面の人とでも打ち解けて話ができるようになっていきます。

相手の心のガードを下げる方法

会話の中で相手との共通点が見つかると、お互いの距離がぐっと縮まります。

たとえば相手が自分と同郷だとわかると、

「えっ、矢澤さんは長野県出身ですか？　長野県のどちら？」

と会話に弾みが出てきます。

さらに、相手と出身校が同じだとわかると、

「何年卒業ですか？　○○先生を知っていますか？」

と会話がどんどん広がっていきます。

お互いの共通点が、相手と自分に安心感を与えるからです。

この人とならわかりあえる。受け入れてもらえる。認めてもらえる。

バカにされない。責められない。攻撃されない。批判されない。

このように思えると、私たちは相手に対するガードを下げ、だんだんと心を開いていくようになります。

これをＮＬＰでは「ラポール（相手との信頼関係を築くこと）」と言います。

「初対面なのに初めての気がしない」と言われる人の秘密

ラポールを築くための心理テクニックもあります。紹介しましょう。

ミラーリングとマッチング（リーディング）です。これらは相手の潜在意識に働きかけることによって、無意識のうちに相手の心を開いていきます。

たまに、「初対面なのに初めての気がしない」と言われる人がいますが、彼らは意識的、もしくは無意識のうちに、ミラーリングやマッチング（リーディング）を行っているのです。

①ミラーリング

相手の行動を鏡（ミラー）に映したようにまねます。

たとえば、

相手が右手を上げたら、あなたは左手を上げる。
相手が首を左に傾けたら、あなたは首を右に傾ける。
相手が足を組んだら、あなたも反対側の足を組む。
相手が腕組みしたら、あなたも腕組みする。

のようにです。

動作や姿勢、表情だけではなく、相手が使う言葉をまねるミラーリングもあります。
相手がよく使う言葉があったら、あなたも同じように言ってみます。
たとえば、

相手が「結局」という言葉をよく使うなら、あなたも「結局」と言う。
相手が「見える」という言葉をよく使うなら、あなたも「見える」と言う。
相手が「感じる」という言葉をよく使うなら、あなたも「感じる」と言う。

といった具合です。

知らないうちに、相手を自分のペースに引き込む秘訣とは？

②マッチング（リーディング）

相手のリズムに合わせて呼吸をすることで相手とのラポールをつくっていきます。たとえば相手が速く呼吸をしていたら、あなたもそれに合わせて速く呼吸します（マッチング）。

マッチングしてしばらくしたら、今度はあなたがだんだんとゆっくりした呼吸に変えていきます。すると相手の呼吸もあなたのそれに合わせて、ゆったりとしたものになっていきます（リーディング）。

呼吸は心の状態を表します。緊張しているときは速く、リラックスしているときは一定のリズムでゆっくり。もちろん緊張状態よりも、リラックスしているときのほうがラポールを築きやすくなります。

まず相手の呼吸に自分の呼吸をマッチングさせ、リーディングで相手の呼吸をゆったり落ち着いた状態に持っていくのがポイントです。

相手が手で髪をなでる動作をしたら、ちょっと時間をおいて、あなたも何か別のものをなでてみる。

マッチングにはこうした使い方もあります。

そのほかに、声の調子やテンポを合わせる、話すスピードを合わせるなどといった方法も有効です。

ミラーリングもマッチングも、相手に気づかれないようにさり気なく取り入れるのがポイントです。

ミラーリングやマッチングを使うことで、相手は無意識のうちにあなたを仲間と感じ、次第に心を開いていきます。

なぜ、あの人は怒りっぽいのか？

駅の階段をダッシュで駆けのぼる。ホームにたどり着いたところで、電車のドアが閉まり、予定していた電車に乗り遅れてしまった。

このような経験、誰でもありますよね。

ではそのとき、あなたは目の前で起こった出来事についてどう感じましたか？

「まったく、今日はついていない」

「まずい、約束の時間に遅れてしまう」

「少しぐらい待ってくれたっていいのに」

「もっと早くダッシュすれば間に合ったはず」

「ああ、行っちゃった。しかたない。次の電車を待とう」

同じ出来事を体験しても、人によって感じ方や受け止め方は違っています。

たとえば、乗り遅れたことに「ついてない」と腹を立てるAさんと、「しかたない。次の電車に乗ろう」とすぐに気持ちを切り替えるBさんがいたとします。

あなたはAさんとBさんのどちらに好感を持ちますか？

私なら切り替えの早い「Bさん」です。

ある出来事に対してどのような感情をいだいてもかまいません。もちろん個人の自由。でも、これだけは言えます。


「感情に振り回されると、ネガティブな思考に陥りやすくなる」


すべての出来事はただ起こっただけ。それをどう解釈するか、どう意味付けするかは私たち自身です。

同じ現象であっても、解釈の仕方や意味の付け方によって、物事はまったく違って見えます。すると、当然、それに対する感情も変わります。

この説明によく使われるのが、「コップに半分、水が入っていました。あなたはこれを『まだ半分も残っている』と見ますか。それとも『もう半分しか残っていない』と見ますか」です。

さて、ここからが本題です。

「ネガティブな思考になりにくくする」あるいは「感情に振り回されにくくする」ためには、私たちはどうすればよいでしょうか?

感情をコントロールするためのとっておきのエクササイズ

ずばり「解釈に幅を持たせること」です。

「ものの見方に柔軟性を持たせること」です。

目の前で起こった出来事に対して、もっと別の解釈はできないか、ほかの見方はできないかと考える癖をつければよいのです。

これまでに私たちは、そうした「解釈や見方」の訓練をほとんどしていません。だから、物事を複眼的に、複数の視点を持って見ることができにくいのです。

結果、その時々の感情に振り回されることが多くなります。

そこで私からの提案です。

ふだんの生活で、ネガティブな感情を持ってしまったときは思い出してください。

「この出来事について、別の見方はできないか、違う解釈の仕方はないか？」

たとえば電車に乗り遅れてしまったら「今日のエクササイズ1」などと称して「乗り遅れた事実」を材料に、解釈の仕方の練習をするのです。

アイデアを磨いたり、頭の柔軟性を鍛える訓練と思って楽しめたら最高です。

・上司に怒られた。暴言を吐かれた

・仕事がうまくいかなかった
・家を出たら、雨が降り始めた

こうした出来事に対して、あなたはどのような解釈ができますか？

意識の向け方、ものの見方の訓練をしてみましょう。


紙に書き出すのもよいでしょう。

ノートを縦に3分割にして、まず中央の欄に「起こったこと」を書きます。次に左側にその出来事に対する否定的な解釈や感情を記します。右側には、それとは反対に肯定的な解釈や意味付けを書きます。

たとえば、175ページの図のような感じです。


ある方向から見ると「最悪・最低」に思えることが、逆方向から見ると「最高・最善」に思えるかもしれません。

これは「別の見方が存在すること」を知ってもらうための練習です。いくつもの見方があることに気がつくと、感情に振り回されにくくなります。自分をコントロールできる領域を増やしていきましょう。すると、それが本書の狙いである「自由自在に自分を操る」につながっていきます。

積極的に先延ばしする

疲れているとき、身体の調子が悪いとき、誰でもありますよね。こうしたときはふだんよりもネガティブな思考に陥りやすく、感情の制御も効きにくくなります。

「調子悪いな」「疲れているな」と感じたら無理をしないことです。大事なことほど先延ばしにしたほうがよいかもしれません。落ち込みがちな自分、ネガティブな自分に合わせた判断や行動や発言をしてしまうことが多いからです。

感情をコントロールするエクササイズ

否定的な解釈	起こったこと	肯定的な解釈
腹が立った	電車に乗り遅れた	空き時間ができた。〇〇をやろう
天気予報は当てにならない	家を出たとたん、雨が降ってきた	近くでよかった。傘を取りに帰ろう
むかつく	上司に怒られた	叱られるうちが華。将来の糧にしよう

① ノートを縦に3分割にして、まず中央の欄に「起こったこと」を書く

② 次に左側にその出来事に対する「否定的な解釈や感情」を記す

③ 右側には、それとは反対に「肯定的な解釈や意味付け」を書く

松下幸之助さんや孫正義さんといった一流の経営者でさえ、調子が悪かったり、イライラしたりしたときには、早めに帰って寝てしまう、と言います。

調子が悪いときに活動しても、結果的にプラスにならないことをよく知っているからでしょう。

人に会うのもできるだけ避けたほうがよいでしょう。理由は先ほどと同じです。

もちろん例外もあります。

その人に会うと癒される、イライラが解消される、疲れが消えて元気になる、といった場合は別です。

そうでなければ、約束を断ってでも会わないほうがよいでしょう。

安心できる場所、リラックスできる場所に戻って、心と身体を休ませてあげましょう。1分催眠法で心をクリーニングするのもよいでしょう。

「ネガティブの三重奏」に気をつけなさい

前に「心のつぶやき」が、あなたの潜在意識に与える影響についてお話ししました。じつは潜在意識に影響を与えるのは、心のつぶやきだけではありません。

他人があなたに向けて発した言葉はもちろんのこと、あなたが他人に向けて放った言葉もあなた自身に跳ね返ってきます。

「自分の耳に入る」という点ではなんら違いはないからです。

自分の内側からある言葉が出て、それを自分の耳で聞いて、さらにその言葉を心の中でつぶやくことになる。

もしそれがネガティブな言葉だったとしたら、一言発するだけで「ネガティブの三重奏」にもなってしまいます。

そう考えると、ちょっと怖いですね。

同時に、ふだん、口にする言葉がいかに大切かを改めて考えさせられます。

1分催眠法を生活の一部にする

いよいよ本書も終わりが近づいてきました。

最後に私からみなさんにお願いがあります。

まずは1分催眠法を7日間続けてみてください。そして1週間続けられたら今度は14日間、それもできたら21日間やってみましょう。

朝起きたとき、洗面所で鏡を見たとき、トイレに行ったとき、通勤・通学時の電車の中、食事の後、休憩時間、家と駅を往復するとき、夜寝る前……。

いつでも、どこでもかまいません。

1日に数回、1分催眠法を行う機会をつくってください。

繰り返すことで、暗示の言葉があなたの潜在意識に定着していきます。

毎日決まった時間に決まった場所で行うとリズムがつくりやすいでしょう。

朝起きたら顔を洗うように、食事をしたら歯を磨くように、外から帰ったら手洗いやうがいをするように……。

1分催眠法をあなたの生活の一部にするのです。

「やらないと気になって仕方がない。気持ちが落ち着かない」

ここまで持っていければ完璧です。

「なりたい自分に近づいている」

そう強く実感されることでしょう。

これで人生は思いのままに

肉体と同じように、思考や意識も鍛えることができます。毎日、1分催眠法を繰り返していると、自分をコントロールするのがうまくなっていきます。

前にご紹介した「NLP」では、「学び」を4つの段階に分けて考えます（私は全米NLP協会認定トレーナーでもあります）。

・第1段階「無意識的無能」……知らないしできない
・第2段階「意識的無能」……知っているけどできない
・第3段階「意識的有能」……意識すればできる
・第4段階「無意識的有能」……意識しなくてもできる

本書で自分を操る方法を学んできたみなさんは、すでにレベル3に達しています。目指すはもちろん第4段階の「意識せずにできる」です。

そのために必要なのが、これまでお話ししてきたように「繰り返す」ことです。

1分催眠法があなたにもたらす効果は、次の2段階に分けられます。

・第1段階　潜在意識が暗示の言葉を受け入れる
・第2段階　潜在意識が暗示の言葉を現実に変える

注目していただきたいのは、第1段階の「受け入れる」という部分です。

1分催眠法や暗示の言葉（あなたの夢や願望）は、潜在意識に受け入れられて、はじめて効果を発揮します。言い方を換えれば、効果を発揮するまでには多少の時間がかかるということ。何度も何度も繰り返す必要があります。

頭で理解するのと比べてどうしても時間がかかります。

時間はかかるけれども、定着したときの効果は絶大です。ＮＬＰで言うところの「無意識的有能」、意識せずに自分をコントロールできるようになります。

頭で理解するのは簡単です。しかし、頭で理解しただけでは、私たちの思考や意識は変わりません。思考や意識が変わらないと行動が変わりません。行動が変わらないと、人生に変化は起こりません。

私たちは「頭で理解することが行動を変えることになる」と考えがちですが（簡単なことは可能かもしれないが継続性に劣る）、思考や意識が変わらない限り、本当の意味で人生に変化を起こすことは難しいのです。

潜在意識に定着した記憶だけが、あなたの人生をよりよいものへと導いてくれます。しかも潜在意識に定着した記憶は一生忘れることはありません。

特に意識することなく、自転車に乗れるように、自動車の運転ができるように、サッカーや野球などのスポーツが楽しめるように、私たちは自分の身体だけでなく、思考や意識も自分の思いのままに操れるようになります。

そのための能力があなたには備わっているのです。

「意識に入ってくる考えは、潜在意識によって受け入れられたら、必ず現実に変わり、それ以後の生活の中で永続的な要素となる」

前述したエミール・クーエの言葉です。

私は長年セラピストとして数多くのセッションを行ってきましたが、本人が受け入れると、あっという間にその人はよい方向へ変わっていきます。

1分催眠法に関する私からのお話はこれで終わりです。

私の話を受け入れるかどうかはあなた次第。あなたの生活に取り入れ、すばらしい毎日を過ごしてください。

つらいときや苦しいときだけでなく、調子がよいときやうまくいっているときにも、1分催眠法を欠かさないでください。

あなたの幸運を心よりお祈りしています。

重し合う/私たちはお互いを思いやる/相手の長所はすぐほめる/相手の良いところはすぐ口に出して言う/相手に感謝する/相手の話をよく聞き、私の話を聞いてもらう/意見が違っても、合意点を見つける努力をする/自分の意見を無理やり押し付けない/同意できなくても話し合う/良いパートナーシップは人生の質を高める/良いパートナーシップは未来を広げる/お互いがお互いの良き理解者だ/良きパートナーとは最高の応援者だ/人生を共に過ごす大切なパートナーだ

子どもと良い関係をつくりたい

子どもとの会話を大切にする/子どもに、あなたは大切な存在であると伝える/大好きだと伝える/いつも穏やかに話す/ストレスを子どもにぶつけない/子どもの言うことを静かに聞いてあげる/言いたいことがあっても、まずは子どもの話をしっかり聞く/子どもに共感していると、子どもは親の話をよく聞く/子どもは大人の論理で動かないことを理解する/家族の一員として家事に参加させる/長所をほめ、本人の中からやる気を引き出す/子どもは自分とは異なる個性を持つ人間だ/自分と違っていても、その子の個性を受け入れる/親の願い通りの人生を送るように強制しない/子ども自身が、子どもの人生の責任者である/「選択と責任」を子どもに体験させる/子育ては、子どもの自立と自律を育てることだ/叱るときに怒らない/叱るべきときは、子どもが納得できるように話す/大事なことは、穏やかにきっぱり話す/（親は）いつも怖い顔をしない/笑いながら会話を楽しむ時間を持つ/子どもは天使だ/子どもは宝物だ/子どもは親の成長を促してくれる/子どもとの時間を楽しむ

＊「ふろく　人生を変える暗示文リスト」は191ページから始まります。

はお客様の最高の理解者だ/私はお客様を喜ばせるのが好きだ/私の仕事はお客様の幸せをつくること/お客様は私の宝だ/お客様は私との会話を待っている/お客様は私を待っている/お客様の必要な情報を提供している/お客様の潜在的なニーズを引き出すのがうまい/お客様にとってのメリットを最初に考える/お客様と心と心の付き合いをしている/お客様は私が好きだ

恋愛で楽しい関係になりたい
私は相手を尊重している/私は相手を大事にする/私は相手を尊敬している/相手の話をよく聞き、私も聞いてもらっている/私は相手の長所に目を向けている/素敵なところを見つけたらすぐほめる/相手の良いところはすぐほめる/私は相手に感謝している/私は相手と過ごす時間を大切にする/私は思いやりがある/私は自分も相手も大切にする/楽しい関係は愛と思いやりから/常に話し合う/いつもコミュニケーションをとる/相手に伝えたいことがあったら、率直に話す/不満はため込まないで、静かに話をする/我慢して犠牲的精神を続けない/私は人として成長している/彼（彼女）はお互いの成長のサポート役だ/私は相手をサポートし、相手も私をサポートする/私は自分の要求と相手の要求を調整するのがうまい/愛はパワーゲームではない/大きな愛とは相手の幸せを望むこと、すると自分に返ってくる

デートに誘いたい
行動が人生の扉を開く/私は勇気と行動力を持っている/私は思ったら即行動/私は行動力がある/私は積極的だ/私は魅力的だ/私は落ち着いて誘っている/私はさわやかに誘う/私は堂々と気持ちよく話しかける/私はにっこり柔らかな笑顔を浮かべ話している/私の言葉と声は魅力的だ/私の口から出る言葉はスムースだ/私は素直に自分の思いを述べている/私は清潔感にあふれている/私は思いやりにあふれた人間だ/私は自信を持ち、そして謙虚だ/私の個性は素晴らしい/私はお互いに惹かれる相手を見つける/私の熱い思いは相手に通じる/相手は好意を持って私の言葉を受け止める

パートナーと良い関係をつくりたい
相手を尊敬する/お互いの長所に目を向ける/私たちはいつも話し合う/私たちはお互いに助け合う/私たちはお互いを大切にする/私たちはお互いに尊

で信頼が強まる

部下との関係をスムースにしたい

私は部下の質問に穏やかに答える/話し合いの場をつくっている/部下が言いやすい環境をつくっている/部下の率直な意見を聞く/部下の能力、才能を引き出すのがうまい/部下の資質を引き出す質問力がある/部下が聞きたくなる言い方がうまい/部下は私を信頼している/部下を信頼している/部下を尊重している/部下を指導するのがうまい/部下と一緒に成長する/一方的に決めつけない/私は尊敬される存在だ/私は決断力、指導力、人間力がある/私は人として成長している

上司との関係をスムースにしたい

上司の話の意図がわかる/上司の話の意味がわかる/上司の話の論理がわかる/上司の話をよく聞く/上司は私の能力を引き出そうとしている/上司は私の積極性を求めている/上司は人生経験がある/上司は私の話を聞いてくれる/上司を信頼する/私は柔軟性をもって理解する/私は報連相がうまい/私は上司が聞きたくなる言葉の使い方がうまい/私は上司の強みを見つけるのがうまい/私は自分の意見を素直に述べる/私は堂々としている/私はきびきび動いている/私は効率的に考え行動する/私はわからないときすぐ質問をする/私は質問がうまい/私は説明がうまい

同僚との関係をスムースにしたい

私は相手の意見をよく聞く/私は自分の意見を自然体で言う/私は相手を尊重している/私は相手を信頼する/私は相手の長所を見つけるのがうまい/私は相手の才能を認める/私と同僚は異なる長所を持っている/聞くと話すのバランスが良い/人としての優劣を持ち込まない/人格と才能は別物である/人は人、私は私、違って当たり前/相手と自分を比較し、自分を責めない/私と相手は仲間であり、チームワークを大切にする/チームワークは足し算でなく、掛け算になる

お客さんとの関係を良いものにしたい

お客様は神様です/私はお客様を尊重する/私はお客様を尊敬する/私はお客様が大好きだ/私は笑顔でお客様と話す/私はお客様の話をよく聞く/私

決めたことを実行（目標達成）できる自分になりたい

私は目標に向かって動いている/即行動するので、どんどん目標に近づく/実行力がある私はすごい/決断力と実行力で人生をつくっている/私は実行力がある/この目標は通過点だ/目標達成は簡単だ/私はすごい、最高だ/私は行動派だ、すごい/決め即行動している/私は決めたことを簡単にやっている/実行力で楽しい人生をつくっている/決めたことを実行するのは簡単だ

初対面のときに良い印象を与えたい

私は清潔感にあふれている/私は落ち着き、いつも笑顔だ/私は堂々とし、クリーンな印象を与える/私は話しやすい雰囲気をかもし出している/私は親しみやすい印象を与えている/私は相手を判断することなく、まず受け入れる/私は自然に相手と信頼関係をつくる/私は責任感がある/私はいつも自然体だ/私はまじめで話しやすい/私は思いやりがある/私は話題が豊富だ/私は人が好きだ/私は人と話すのが好きだ/私は人の話をよく聞く/人は私をすぐ受け入れる/人は私を話しやすい人だと思う/人は私といると楽しくなる

まだ知り合ったばかりの相手との距離を縮めたい

私は魅力的だ/私と話すと相手は楽しくなる/私は人と話をするのが好きだ/私は相手の話をよく聞く/私は心で聞いている/相手の話を、ニコニコ聞いている/私はあいづちを打つのがうまい/私は共感力がある/私は話題が豊富だ/私は言葉がけがうまい/私と話をすると相手は楽しくなる/私は楽しくなるように場の流れをつくっている/私は場の流れをつくるのがうまい/私は相手が興味を持つ話を見つけるのがうまい/私の雰囲気が、相手をリラックスさせる/私がリラックスしているので、相手もすぐリラックスする/相手は私が気にいっている/私は自然体で楽しく話す

仲が良い相手との信頼関係をさらに深めたい

私は相手の話をよく聞く/私は責任感がある/私は自分の言動に責任を持つ/私は包容力がある/私は思いやりにあふれている/私は堂々としている/私は自分をしっかり持っている/私は自分の意見を持っている/相手といると自然に素直になる/言うべきときには、お互いに意見を言える雰囲気だ/お互いに、相手の意見を聞き、自分の意見を言う/お互いに尊重している/聞くと話すのバランスがよい/疑問が湧いたら、素直に話し合う/率直に話し合うこと

面接のとき落ち着いて話す自分になりたい

落ち着いている/ハキハキした声で話している/堂々とした態度だ/整理された話しぶりだ/好印象を与えている/笑顔で話している/要点を押さえて話している/質問に的確に答えている/自分をコントロールできている/私は自然体だ/静かな自信を感じている/すべて大丈夫だ/リラックスし落ち着いている/相手が欲している答えを的確に述べている/自分を知ってもらうチャンスを活かしている

スポーツで最高の動きができる自分になりたい

自分をコントロールできている/落ち着いている/集中している/クリアにすべてが見えている/どうすべきか身体が自然に動いている/いつも夢中で動いている/心の目で全体を見ている/ベストパフォーマンスだ/最高に楽しんでいる/楽しむとベストパフォーマンスになる/このスポーツが大好きだ/好きだと自然に上手くなる/夢中で楽しむとパフォーマンスがよくなる

モチベーションを維持できる自分になりたい

忍耐力がある/私の持続力はすごい/意志の力が強くなっている/もともとあきらめない能力を持っている/決めたことを続ける力が強化されている/粘り強い、だから運が向いてきている/やる気がグングン増している/やる気で人生はグングン開ける/目標が定まったのでやる気がアップしている/続けると成功が待っている/楽しい未来に向かってまっしぐら/やる気が内側から湧いてきている/私は続ける楽しさを知っている/続けるのはとても簡単だ/続けると必ず成果がある

無駄使いしない自分になりたい

無駄使いは意味がない/無駄使いが、私の運を遠ざけている/お金がたまると心が豊かになる/無駄使いしないと、お金と運がたまっていく/必要なものだけ買うのは気持ちいい/頭が整理され、必要なものだけわかる/すっきり気分がいい/無駄使いは、人生の無駄使いだ/無駄使いは、生命のエネルギーのロスだ/無駄を省くと人生が好転する/無駄使いしないと運が向いてくる/無駄使いしないと、目標がどんどん近づく

を見るたびに楽しくなっている/皆が私に笑いかける/私の持続力はすごい/私はどんどんやせて美しくなっている/どんどんやせてスキッとした印象だ/どんどんスリムになり、笑顔の私だ/体重が減るたびに、内側からの輝きが増している

※ダイエットの場合、不安や心配などがあると、心が満たされていないので、代わりにおなかを満たそうとしてしまい、食べ続けてしまうこともある。心の悩みや心配を軽減する、解決させることが先決になる場合もある。

禁煙を成功させたい

私はノンスモーカーだ/タバコのない生活は快適だ/（禁煙で）健康になった/（禁煙で）息がさわやかだ/（禁煙で）のどがすっきりだ/（禁煙で）肌が健康になっている/（禁煙で）肺がすっきりだ/タバコ臭さがなくなっている/タバコのせいで肺が真っ黒になってしまった/タバコが病気をつくったのだ/私はタバコが大嫌いだ/タバコが私の人生をダメにした/私の輝く人生にタバコは必要ない/私の未来にタバコはない/私のスマートなイメージにタバコは似合わない/私のイメージはクリーンでさわやかだ

※通常はポジティブな言葉で暗示をつくるのがルールだが、禁煙の場合は、例外で、ネガティブな言葉を使い、いやな気分を感じそれを避けたいと思う心理を活用した暗示を使ってもよい。

事務処理能力をアップさせたい

私はテキパキ仕事をこなしている/私は事務処理が得意だ/私は事務処理が好きだ/事務処理が終わると心もすっきりだ/事務処理はとても簡単だ/私はとても手際良い/効率的に仕事を進めている/私の事務処理能力はすごいのだ/事務処理はあっという間に終わる/私は仕事を素早く処理する人間だ/考えるときは考え、取りかかると素早い/効率的に進めている/集中しあっという間に終わっている

整理整頓ができる自分になりたい

整理整頓は気持ちいい/整理整頓が大好きだ/整理整頓は簡単だ/
気分もすっきりだ/心が解放される/物事をクリアに考える人間になっている/探し物がすぐ見つかる/どこに何があるかすぐわかる/いつも部屋がきれいで気持ちいい/整理されると人生がすっきり/整理整頓で分析力が増していく/人間関係もすっきりだ/仕事ができる人間になっている

即動くと、人生がどんどん楽しくなってくる/やると簡単だ/人生は短い、即行動だ

アガリ症を直したい
私は落ち着いている/私は堂々としている/下腹がどっしりしている/私は自分をコントロールしている/私はできる/雑念がなく、話すことだけに集中している/意識がすっきりさわやかだ/行動の目的は何かに意識を向けている/（やろうとしている行為の）目的にだけ意識を向けている/今やることだけに意識を向けている/私の意識は穏やかに澄み渡っている/私には能力がある/過去は終わり、新しい自分の誕生だ/それは簡単にできる/私はできる/緊張しても、やるべきことはできる

ネガティブシンキングを直したい
私はいつも前向きだ/前向きで、未来は明るく拡がる/明るい考え方で、明るい未来を手にする/ポジティブな自分がいる/私はポジティブな考え方を選んでいる/私はポジティブ・シンカーだ/ポジティブな発想をする私だ/ポジティブな発想で運を引き寄せる/ポジティブシンキングから運が開ける/すぐポジティブに考える/いつもポジティブな言葉だけ使う/楽しい人生はポジティブシンキングから始まる

プレゼンを堂々と行いたい
私の態度は落ち着いている/私はプレゼンがうまい/私は堂々としている/私はプレゼンの天才だ/自信を持ってプレゼンしている/皆が（私のプレゼンは）すごいと言っている/私のプレゼンはわかりやすい/準備したので最高のプレゼンだ/私のプレゼンはインパクトがある/（私のプレゼンは）訴えたいことがすぐ伝わる/声にインパクトがある/訴える力が強い/態度が堂々としている/余裕ある態度でプレゼンをしている

ダイエットを成功させたい
（私の体型は）ほっそり健康でバランスがとれている/体重がどんどん減っている、うれしい/規則正しい3度の食事でほっそりだ/3度の食事で満足だ/体重計に乗るのがうれしい/身体がどんどん軽くなっている/動きが素早く、しなやかな私だ/きびきびした私だ/皆がやせてきたね、と称賛している/鏡

ふろく　人生を変える暗示文リスト

自信を持ちたい

私は自信にあふれている/私の自信はゆるぎない/私はゆるがない/自分を信じる気持ちが強くなっている/私はすごい！できる！最高！/心から自信を感じている/私は落ち着いている/私は堂々としている/胸に強い自信のエネルギーが湧き上がっている/私はできる/私は天才だ/私は何があっても大丈夫だ/私は自分をコントロールしている

集中力をアップさせたい

私の集中力はグングンアップしている/意識の集中が高まっている/意識のフォーカスがグングン増している/何事に対しても、私の集中力は鋭くなっている/私は落ち着き、意識が素早く集中する/フォーカスするべきことに、すぐ意識が向いている/意識が研ぎ澄まされている/雑念がなくなり、集中している/頭がすっきりし、集中力が高まっている/頭はクリアで集中している/頭が整理され、集中している

記憶力をアップさせたい

記憶力がどんどんアップしている/私の記憶力はグングン強化されている/私の記憶力はどんどん増強されている/記憶すべきことが、スーッと頭に入っていく/理解力が増し、記憶にすっと入っていく/記憶力が増し、人生が好転している/頭が整理され、記憶力がアップしている/邪念が消え、頭は澄み渡り、記憶がしっかり頭に残る/思い出そうとすると、すぐ記憶が出てくる/覚えたいことに関心と興味が湧き、簡単に記憶される/落ち着いて聞き、しっかり覚えている/何が重要かすぐわかり、自然に記憶する

先延ばしグセを直したい

私はすぐ行動している/即行動が私のモットーだ/即動くと、人生が豊かになっていく/行動すると、人生がどんどん広がる/人生に変化を起こすには、即行動だ/素早く取り掛かり、すぐ終わる/考えているより、行動だ/思ったら即動く、とても簡単だ/動くとすぐ結果が出る/即動くと、成功へつながる/

【著者紹介】
矢澤フレイ伸恵（やざわ・ふれい・のぶえ）

●―２万人を見てきた現役催眠士。
●―外資系航空会社２社で、フライト・アテンダントを経験後、ヨルダン人と結婚。ヨルダンに住む。夫が飛行機事故で亡くなり、そのときから「人は一体何のために生まれてくるのか、生きる目的は何なのか」の質問の答えを探し続けてきた。帰国後、英語教師、通訳、外資系金融機関の金融ウーマンなどさまざまな職業を経験し、有限会社ヤザワインターナショナルを設立。心理セラピスト＆コミュニケーション・スペシャリストとして、スクール、セミナー、講演、研修、個人セッションなどを開催。
●―日本におけるヒプノセラピー（催眠療法）の草分け的存在。これまで年齢、性別を問わずさまざまなクライアントのカウンセリング、セラピーを行い、２万を超える臨床経験の豊富さで右に出るものはいない。独自の人生経験を通して培われたその深い人間性や力強さ、そしてハートからあふれる暖かく優しい包容力で、会う人々を魅了し続けている。
●―日本ヒプノセラピー協会（ＪＢＨ）理事長。ヤザワインターナショナル、ヤザワスクールの総責任者。日本ヒプノセラピー協会認定マスター・インストラクター。全米催眠療法協会認定マスター・インストラクター。全米催眠士協会（ＮＧＨ）認定インストラクター。全米ＮＬＰ協会（ＡＢＮＬＰ）認定トレーナー。タイムラインセラピー協会（ＴＬＴＡ）認定トレーナー。フナレベル４マスタープラクティショナー。2003年社会文化功労賞受賞。

【著者ホームページ】http://www.japan-hypnotherapy.com/

自由自在に自分を操る！ １分催眠法

2013年9月8日　第1刷発行

著　者――矢澤フレイ伸恵
発行者――徳留慶太郎
発行所――株式会社すばる舎
〒170-0013 東京都豊島区東池袋3-9-7 東池袋織本ビル
TEL03-3981-8651（代表）　03-3981-0767（営業部）
振替　00140-7-116563
http://www.subarusya.jp/
印　刷――株式会社シナノ

落丁・乱丁本はお取り替えいたします

ISBN978-4-7991-0270-1